4·16구술증언록 단원고 2학년 4반 제18권

그날을 말하다

준혁 엄마 전미향

이 도서의 국립중앙도서관 출판예정도서목록(CIP)은 서지정보유통지원시스템 홈페이지(http://seoji.nl.go.kr)와
국가자료공동목록시스템(http://www.nl.go.kr/kolisnet)에서 이용하실 수 있습니다.
CIP제어번호: CIP2019009509

4·16구술증언록 단원고 2학년 4반 제18권

그날을 말하다

준혁 엄마 전미향

4·16기억저장소 기획 편집
(사) 4·16세월호참사가족협의회 지원 협조

일러두기

1. 음절로 식별 가능한 소리를 들리는 대로 전사하는 것을 원칙으로 한다.

2. 의미를 파악하기 위해 추가 설명이 필요할 경우 [ ]로 표시한다.

3. 몸짓, 어조 등 비언어적 행위는 ( )로 표시한다.

4. 구술자가 말을 잇지 못해 말줄임표를 사용하는 경우 ……, …로 길고 짧음을 표시한다.

5. 비공개 영역은 〈비공개〉로 표시한다.

6. 비공개해야 하는 희생자 형제자매의 이름은 ○○, △△ 등의 도형기호로, 생존자의 이름은 A, B, C 등 알파벳 대문자로 표시한다.

7. 비공개해야 하는 제3자는 직분이나 소속, 성만 공개하고, 이름은 ××로 표시한다. 비공개해야 하는 숫자는 자릿수에 상관없이 □로 표시하며, 지명은 □□로 표시한다.

책머리에

　4·16기억저장소에서는 세월호 참사 5주기를 맞아 구술증언 수집 사업의 결과물 일부를 100권의 책으로 발간하게 되었습니다. 이 사업은 2015년 6월부터 다양한 학문 분야 구술 연구자들의 자발적인 참여로 진행되어 왔으며, 세월호 참사를 좀 더 정확하고 다각적으로 기록하고 기억하고자 하는 노력의 일환으로 수행되었습니다.

　2014년 참사 발생 이후, 참사 피해자들의 목격담과 경험은 안타깝게도 공식적인 국가기관과 언론의 기록 속에서 철저히 소외되거나 왜곡되었습니다. 그것은 세월호 참사가 우리에게 안긴 죽음과 고통의 충격만큼이나 우리 사회의 끔찍한 비극이었습니다. 따라서 사업을 진행하면서 세월호 참사 희생자 가족, 생존자, 생존자 가족, 어민, 잠수사, 활동가, 기자 등등, 참사의 초기 과정을 직접 경험한 분들의 증언을 우선적으로 수집했습니다. 구술자는 이 사업의 취

지와 방식에 개인적으로 동의한 분 중에서 선정했으며, 참여 과정에 어떠한 금전적 보상이나 이익이 제공되지 않았습니다. 또한 구술증언 수집 사업을 진행하는 동안, 면담자는 연구자이자 참사를 겪은 공동체 시민으로서 최대한 윤리적이고자 노력했습니다.

구술자마다 매회 약 2시간씩 3회를 원칙으로 음성 녹취와 영상 촬영을 하는 방식으로 진행되었고, 증언의 일관성을 확보하기 위해 면담자는 큰 틀에서 공통 질문지를 사용했습니다. 공통 질문지의 내용은 참사와 구술자 간의 관계성에 따라 차이가 있지만, 유가족 구술의 경우 1회차 '참사 이전의 삶, 팽목항과 진도에서의 경험, 자녀에 대한 기억'을, 2회차 '참사 이후 투쟁과 공동체 활동 경험'을, 3회차 '참사 이후 개인 및 가족이 경험한 삶의 변화와 깨달음, 자녀의 현재적 의미'를 중심으로 했습니다. 이처럼 증언 내용은 참사 이전에서 시작해 참사 발생 당시의 경험과 이후의 변화 과정까지 폭넓게 수집했고, 면담자는 구술 채록 과정에서 구술자의 발화를 최대한 존중하고자 했으며, 무엇보다 각자의 특수한 경험과 다른 시각을 충실히 반영하고자 했습니다.

이 구술증언록의 발간을 위해, 채록된 음성 자료는 문서로 변환해 구술자와 함께 검토했고, 현재 시점에서 공개할 수 있는 영역과 할 수 없는 영역으로 구별했습니다. 따라서 책에 실린 내용은 모두 구술자로부터 공개를 허락받은 부분입니다. 비공개 영역은 추후 구술자의 동의를 받아 적절한 절차를 거쳐 추가로 공개될 수 있으리라 생각합니다.

이 구술증언록 100권에는 그동안 우리 사회에 왜곡되어 알려지거나 잘 알려지지 않았던, 참사 발생 직후 팽목항과 진도 혹은 바다에서의 초기 상황에 관한 중요한 증언이 포함되어 있습니다. 또한, 자녀를 잃는 잔인하고 애통한 상황을 겪으면서도 그 누구보다 강인한 정치적 주체로 성장할 수밖에 없었던 유가족의 마음과 경험을 구체적으로, 그리고 여러 각도에서 살펴볼 수 있습니다. 그 외에도, 이 구술증언록은 2014년을 전후한 한국 사회의 여러 측면을 드러내는 귀중한 자료가 되리라고 생각합니다. 무엇보다 국내외의 많은 분이 이 책을 읽어, 장차 세월호 참사의 진상 규명과 역사 서술에 기여할 수 있기를 바랍니다.

구술증언 수집 사업이 진행되고, 책으로 출간되기까지 많은 분의 도움과 지지가 있었습니다. 이 지면을 빌려 부족하나마 감사의 말씀을 전하고자 합니다.

먼저 (사)4·16세월호참사가족협의회와 4·16기억저장소에 감사를 드립니다. 이분들의 신뢰와 적극적인 협조가 없었다면, 이 사업은 처음부터 시작할 수조차 없었을 것입니다. 또한 어려운 정치 환경 속에서도 사업의 취지에 공감해 재정 지원을 결정해 준 아름다운가게와 역사문제연구소에 감사드립니다. 두 단체 덕분에, 이 사업을 4년 동안 계속해 올 수 있었습니다. 그리고 구술증언록 100권의 발간에 동의하고, 바쁜 일정에도 출판 실무를 기꺼이 맡아주신 한울엠플러스(주)에도 감사를 드립니다. 이 외에도 많은 개인과 단체가 직간접적으로 많은 도움을 주시고 격려해 주셨습니다. 여기에 모두 밝히지 못하는 것을 죄송하게 생각합니다.

　말할 필요도 없이, 가장 크고 또 가슴 아픈 감사는 구술자 한 분한 분께 드리고자 합니다. 이 책이 발간될 수 있었던 것은, 무엇보다 용기를 내어 아픔과 고통의 기억을 다시 떠올리고 장시간 진심으로 이야기를 해주신 구술자가 있었기 때문입니다. 오랜 시간 이야기를 나누며 함께 공감하기도 했지만, 그 아픔과 고통을 어떻게 가늠할 수 있을까 싶습니다. 더 큰 도움이 되지 못함을 안타까워하며, 이 구술증언록 100권의 발간이 피해자분들에게 조금이라도 위로가 될 수 있기를 기원합니다.

2019년 4월

4·16기억저장소 구술팀 책임자
서울대학교 인류학과 교수 이현정

차례

■ 3회차 ■

준혁 엄마 전미향

구술자 전미향은 단원고 2학년 4반 고 안준혁의 엄마다. 세 남매의 맏이였던 준혁이는 바쁜 부모를 대신해 동생들을 챙기면서 자기만의 창작 요리를 해주곤 했다. 쾌활하고 밝은 성품으로 엄마에게 하루 일과를 재잘재잘 이야기하던 아들을 그리워하며 오늘도 엄마는 준혁이 나무를 정성껏 키우고 있다.

전미향의 구술 면담은 2019년 2월 13일, 14일, 15일, 3회에 걸쳐 총 4시간 40분 동안 진행되었다. 면담자는 장원아, 촬영자는 강재성이었다.

구술자 본인의 프라이버시나 제3자의 프라이버시를 보호해야 할 부분을 제외하고는 구술자의 발화를 있는 그대로 전사했다.

1회차

2019년 2월 13일

시작 인사말

면담자   본 구술증언은 4·16 사건에 대한 참여자들의 경험과 기억을 기록으로 남김으로써 이후 진상 규명 및 역사 기술에 기여하고자 합니다. 지금부터 전미향 씨의 증언을 시작하겠습니다. 오늘은 2019년 2월 13일이며, 장소는 안산시 단원구 4·16기억교실 협의회실입니다. 면담자는 장원아이며, 촬영자는 강재성입니다.

구술증언 참여 동기 및 근황

면담자   먼저 구술증언 사업에 참여하게 된 동기를 여쭤보고 싶은데요, 어떻게 참여하시게 되셨어요?

준혁 엄마   처음에는 구술을 왜 해야 되는지 몰랐어요. 이거 아니드래도 책도 있었고, 집에 와가지고 사진 찍어 가시는 분들도 있었고 해놓으니까[하니까], 같은 말을 계속 반복을 해야 되니까 '굳이 할 필요는[가] 없다'[고] 생각을 하고 사실은 쪼끔씩 자꾸 처음에 구술하라고 했을 때 미뤘어요, 하고 싶지 않아서. 그래 가지고 미뤄 가지고 안 했는데, 이번에 또다시 재강 어머님이 휘범이 어머님한테 [이야기]해 가지고 "지금도 기억을 못 하는 게 많을 텐데 우리가 더 나이 들어버리면 그때는 더 기억나는 게 없을 거다" 그래서 "하자" 그래 가지고 하게 된 거죠.

면담자   전에는 하기가 싫으셨다면 그 이유는 무엇일까요?

준혁 엄마   같은 말을 계속 반복해야 되니까. 그 전에도 집에 와 가지고 애 어릴 때부터 앨범, 성적표, 방 그런 거 사진 다 찍어가고 하면서 애에 대한 얘기도 했었고, 그러니까 같은 말이 계속 반복되 더라고요.

면담자   어떤 거 하셨어요? 저번엔 『약전』[『416 단원고 약전』] 하셨나요?

준혁 엄마   『약전』, 『약전』은 내가 쓴 거였죠. 편지 그런 거였 고, 그다음에 [4·16]기억저장소였던 것 같아요. 거기서도 뭐 하나 했던 것 같애요. 집에 와서 사진 찍고 인터뷰하고 그런 것도 있었 고 또 교실에서 인터뷰한 것도 있었고, 여러 가지가 있었는데 종합 적으로 보면은 계속 같은 말을 반복을 하게 되더라고요. (면담자 : 그렇죠) 네, 그러니깐 또 하기가 싫드라고요.

면담자   해주기를 원하는 말이 있다는 느낌이 드셨을 것 같 은데요.

준혁 엄마   네, 그렇죠. 다 똑같지 않을까요? 다 똑같을 것 같 은데.

면담자   오늘은 하시고 싶은 이야기를 해주시면 좋겠습니다. (준혁 엄마 : (웃으며) 네) 언론 인터뷰도 많이 하셨어요?

준혁 엄마   아니요, 저는 전혀 안 했어요. (면담자 : 전혀 안 하셨어요?) 네. 교실에서 인터뷰 그거는 뭐였더라. 저희 반 수현이 버킷리스트 했잖아요. 그때 우리 반 아이들 한 명씩 부모님들이 아이한테 하고 싶은 말, 그런 거 인터뷰한 게 있었는데 그때도 그냥 목소리만 나가게 하고 인터뷰는 한 번도 안 했어요.

면담자   다른 가족분들이 하신 것도 아니구요?

준혁 엄마   아, 전혀 없었어요.

면담자   아버님도 안 하셨어요?

준혁 엄마   네.

면담자   그렇다면은 어렵게 구술을 해주시기로 하신 건데요, (준혁 엄마 : 어, 그러니까요(웃음)) 구술증언이 어떤 목적으로 사용되길 원하세요?

준혁 엄마   그냥 있는 그대로, 더하거나 빼거나 그런 거 없이 그냥 그대로. 어디에 쓰이든 간에 저는 뭐 가릴 것도 없고 숨기고 싶은 것도 없고 그러니까 아무거나 상관없어요. 굳이 가리고 싶다[고 생각하는] 그런 건 없으니까.

면담자   네, 알겠습니다. 최근 근황에 대해서 먼저 여쭤보려고 하는데요. 어제 졸업식에 갔다 오셨나요?

준혁 엄마   네, 갔다 왔어요. (면담자 : 어떠셨어요?) 울지 말아야지 하고 갔는데, 울었죠. 가기 전에는 그러고[울지 말자고] 다짐을 하고 갔는데 가서는 그게 안 되죠.

면담자   사람들 많이 왔다고 들었는데요.

준혁 엄마   네. 많이 온 반도 있고 조금 덜 온 반도 있고, 그런 것 같더라고요. 저희 반 같은 경우는 그래도 많이 오신 것 같아요. (면담자 : 4반은요) 네. 28명 중에 한 24명, 스물네 가정 정도는 다 왔으니까.

면담자   혹시 졸업식 관련해서 준비하시거나 하신 일들도 있으셨어요? (준혁 엄마 : 아뇨) 그런 건 아니셨고. (준혁 엄마 : 네) 그럼 혹시 올해 들어서 졸업식 외에 최근에 4·16 [세월호 참사와] 관련해서 하신 일이 있었나요?

준혁 엄마   아뇨, 올해는 없었던 것 같애요.

3
4·16 이전의 삶

면담자   제가 먼저 어머님의 인생, 4·16 이전의 삶부터 여쭤볼 거라고 했잖아요. (준혁 엄마 : 네) 언제부터 안산에 사시게 되었는지요? 태어나신 곳은 서울이라고 하셨는데 (준혁 엄마 : 네, 서울) 이전엔 쭉 서울에서 생활하셨나요?

준혁 엄마   (웃으며) 네, 서울에서 계속 살았어요. 태어나서부터 여기 안산 오기 전까지.

면담자   안산에 어떻게 오시게 된 건가요?

준혁 엄마   아빠 따라.

면담자   결혼하시면서 오시게 된 건가요?

준혁 엄마   아뇨. 5학년 때, 준혁이 5학년 때 아빠 일 때문에 안
산으로 왔죠.

면담자   아버님은 어떻게 만나셨어요?

준혁 엄마   저희는 초등학교 동창이에요. (면담자 : 정말요?) 네
(웃음). 어릴 때부터 계속 만난 건 아니고, 이제 커 가지고 어떻게
우연한 기회에 만나서 결혼했죠.

면담자   성인이 된 후에 만나신 건가요?

준혁 엄마   네.

면담자   그렇군요.

준혁 엄마   (웃으며) 당황스러우세요?

면담자   아뇨(웃음). 그럼 친구끼리도 다 아는 사이셨던 건가
요, 같은 동네?

준혁 엄마   아뇨, 그렇진 않아요. (면담자 : 그렇진 않나요?) 네. 그
렇진 않고, 그냥 제가 어릴[때 친구인] 초등학교 동창 남자애, 그러

니까 그냥 남자 사람 친구. (면담자 : 네) 지금 그러죠? 남사친이라 그러죠? 그런 친구들이 있어요. 근데 그 친구들하고 어울려서 놀다가, 애기 아빠가[도] 또 그 친구, 저희 남사친 친구들하고 이렇게 어울리다가 어떻게 만났어요, 같이. 근데 어울리다 보니까, "얘도 같은 초등학교 동창이다" 이렇게 하다가 친구가 남편이 됐죠.

면담자　　　몇 살에 결혼하신 거예요?

준혁 엄마　　(웃으며) [스물]일곱에 결혼해서 [스물]여덟에 준혁이 낳았어요.

면담자　　　아, 스물일곱에 결혼하셨고, 그리고 삼남매라고 말씀하셨는데 그러면은 안산으로 오신 거는 아버님이 이쪽에서 (준혁 엄마 : 일을 해야 돼서) 가게를 이쪽에 내신 건가요?

준혁 엄마　　네.

면담자　　　직장은 아니셨고요?

준혁 엄마　　네.

면담자　　　원래 연고가 있으신 건 전혀 아니에요?

준혁 엄마　　저희 친정 언니가 여기에 있어요, 안산에 같이.

면담자　　　지금도 안산에 계시고요. (준혁 엄마 : 네) 그럼 안산에 오셔서는 아버님이 하시는 가게 일은 어머니께서도 같이 도와서 하신 건가요?

준혁 엄마   네, 매일은 아니어도 일주일에 한 서너 번, 세 번?

면담자   어떤 일인지 여쭤봐도 될까요?

준혁 엄마   식당에 가면은 냉장고 같은 거 있죠, 업소용 냉장고 그런 거 판매해요. (면담자 : 아, 그렇군요) 네, 서비스도 하고.

면담자   바쁘셨겠어요.

준혁 엄마   요새는 경기가 안 좋아서(웃음). 저희도 경기를 타드라고요, 많이 타드라고요.

면담자   준혁이 5학년 때면은 몇 년도인가요?

준혁 엄마   2008년, 8년인가? 저도 가물가물해요.

면담자   그러면 어머님은 쭉 가정주부로 살아오셨던 건가요?

준혁 엄마   네, 그렇죠.

면담자   혹시 종교는 있으세요?

준혁 엄마   저는 사실은 무교예요. 근데 [준혁]이 아빠가, 시댁이 불교라서 그쪽으로는 절에 가고 그런 건 따라는 가요. 근데 종교를 이 일 있고 나서는 더 안 믿게 되는 것 같아요, 사실은. (면담자 : 왜요?) 왜, 그러잖아요. '하나님의 자식이다, 뭐 누구의 자식이다' 그런데 너무 빨리 데리고 가서.

면담자   그러면은 4·16 이전에 평일 하루의 일상을, 아침에 눈뜰 때부터 밤에 주무실 때까지 한번 재구성해서 말씀해 주실 수 있을까요?

준혁 엄마   이전에?

면담자   네, 그냥 보통날이요.

준혁 엄마   일어나서 애들 밥 멕여서 학교 보내고 그리고 저…
대충 치워놓고.

면담자   아침을 다들 먹었나요?

준혁 엄마   될 수 있으면 먹였죠.

면담자   삼남매와 아버님이요?

준혁 엄마   네, 될 수 있으면 먹였죠. 그리고 대충 치워놓고, 아
빠 먼저 출근시키고 그리고 저도 출근을 하죠, 아빠 가게에. [그렇
게] 해가지고 한 4시에서 5시 사이에 집에 와서 애들 건사하다가 저
녁 먹고 있다가 밤 되면 자는 거, 그게 일상이었죠.

면담자   점심은 어떻게 하셨어요?

준혁 엄마   점심은 가게에서… 저는 해 먹었어요, 가게에서.

면담자   가게에서도요?

준혁 엄마   네.

면담자   쭉 어머님이 다 하셨어요?

준혁 엄마   네, 제가 다 했어요. 가끔 가다가 사 먹기도 하는데

그래도 거의 해 먹었어요.

면담자   그렇군요. (준혁 엄마 : 네) 아침이나 음식은 준혁이가 주로 좋아하는 게 있었나요?

준혁 엄마   준혁이는 가리는 게 없어서, 뭘 줘도 다 맛있게 먹어서. (면담자 : 아, 그렇구나) 네, 그냥 먹는 거 자체를 좋아라 하니까 (웃음).

면담자   그러면 주말은 대체로 어떻게 보내셨어요? 혹시 평일에 못 한 일 하셨나요?

준혁 엄마   주말도 뭐 별다른 게 없었던 것 같은데, 저희는 시댁이 서울이거든요. 그래 가지고 주말에 가끔 시댁 가는 거, 그거 말고는 별로 여행도 많이 안 다녔던 것 같아요.

면담자   친정은 안 가셨어요?

준혁 엄마   친정은 부모님들이 안 계시니까. 언니도 여기 안산에 있고 오빠도 안산에 있고 하니까, 친정은 갈 일이 없죠(웃음).

면담자   그렇군요. 여행이나 이런 것도 가끔 다니셨나요?

준혁 엄마   저희는 여름휴가는 갔어요, 항상. 해마다 갔어요. 그리고 캠핑, 1년에 한 번이지만 텐트[를] 가지고 이렇게 가는 거는 1년에 한 번 무조건 갔어요, 여름휴가 때.

면담자   그렇군요, 준혁이는 학원 같은 것도 많이 다녔어요?

학교 갔다 와서는 어떻게 보냈나요?

준혁 엄마   저희 아이가 공부에는 별로 관심이 없었어요. 그래 가지고 어릴 때는 첫째다 보니까 애가 뭘 잘할 수 있는지를 모르잖아요, 뭘 잘하는지를. 그러니까 이것저것 다 시켜봤는데 썩 흥미를 느끼는 게 없더라고요, 운동 쪽 말고는. 그래 가지고 학원을 굳이, 좀 커서는 중학교, 고등학교 이렇게는 학원은 거의 안 다녔어요.

면담자   그러면은 주로 집에서 놀거나 하고 싶은 일을 했겠네요.

준혁 엄마   친구들. 네, 친구를 너무 좋아했죠(웃음). 너무 좋아했죠(웃음), 눈만 뜨면 나가니까. 그리고 집에서 맨날 친구들, 친구들도 집에도 많이 왔고. (면담자 : 친구들이 놀러 왔군요) 네, 그래서 공부랑은 관심이 없어서 애[가 공부랑의] 담을 딱 쌓았어요.

면담자   동생들이랑은 잘 지냈어요?

준혁 엄마   어, 잘 지냈어요. 등치는 좀 좋은데 그래도 좀 마음이 여려서 동생들을 때리거나 그런 건 없었고 잘 지냈어요, 잘 데리고 놀고.

면담자   그렇군요, 나이 터울이 좀 있잖아요. 그래서 잘 챙겨주는 오빠, 형이었을 것 같아요.

준혁 엄마   아무래도 막내랑 6살 차이 나니까 그래도 잘해줬고, 또 밑에 여동생은 여자아이니까 쪼끔 더 신경 썼던 것 같고, 그래도 크는 동안에는 맨날 싸우고 그런 건 있죠.

면담자　　　어머님은 여가를 어떻게 보내셨어요? 취미생활이 하시는 게 있으셨어요?

준혁 엄마　　　여가를 가질 만한 여유가 없었는데, 아침에 애들 보내고 가게 나갔다가 퇴근해서 집에 왔다가 그 정도지. 그렇다고 안산에서는 내가 누가[누구] 아는 사람이 있어서 그 동네에[로] 이사 간 것도 아니고 하니까 어울릴 사람도 없었고, 초반에는 그[러]니까는 맨날 가게 갔다가 집에 왔다가 그거였죠.

면담자　　　안산에서 이웃들이나 자주 만나는 사람들이 있으셨어요?

준혁 엄마　　　초반에는 없었지만 지금은 있죠. 네, 지금은 있죠, 같은 동네에 살았던 사람들.

면담자　　　준혁이나 남매 학부모 모임 같은 건가요?

준혁 엄마　　　아뇨, 같은 동네. 저희 살던 집이, 지금은 이사한 집이고 그 전에 살던 집이 집 앞에 놀이터가 있었어요. 그[러]니까 애들 데리고 나가면 엄마들하고 친해지기가 되게 쉽잖아요, 놀이터는. 그래서 나가면은 또래, "나이 같다", 또 애들은 학교 다니고 유치원 다니고 하니까 "쟤 나랑 같은 반이야, 쟤 우리 반이야" 이렇게 되면은 그 엄마들이랑 인사하고 그러면서 쪼금씩 알음알음 했죠.

면담자　　　이사하셨다고 하셨는데, 4·16 이후에 이사하신 건가요?

준혁 엄마　　이후예요, 제가 그 집에 살 수가 없었어요.

면담자　　　네, 살던 동네 근처로 하신 거예요?

준혁 엄마　　멀지는 않은데 그래도 버스 타면은 한 세 정거장?

면담자　　　그렇군요. 선부동 쪽에서 단원고로 가는 아이들이 많았나요?

준혁 엄마　　많았다고 들었어요. 저는 와동에 살았거든요. 네, 와동에서 선부동으로 이사를 갔는데, 와동에도 많았지만 선부동에도 많았다 하드라고요.

면담자　　　혹시 ○○랑 △△이도 고등학교가 단원고인가요?

준혁 엄마　　○○는 단원고. (면담자 : 졸업도 이제 하겠네요?) 이번에 3학년이 된 거고, △△이는 배정을 강서고등학교를[로] 받았어요.

면담자　　　준혁이랑 함께 있으면서 가장 기억에 남는 일화가 있다면 뭐예요? 떠오르는 걸 얘기해 주시면 돼요.

준혁 엄마　　많죠. 애기 때부터, 애기 때 너무 건강해 가지고(웃음) 업고 다니기도 힘들었고…. 정말 건강했거든요. 그러니까 내 새끼니까 업고 다니고 안고 다니고 했지, 정말 남의 애라면은 그렇게 못 안고 못 업고 했을 거예요, 정말 너무 통통해 가지고. 뭐 그랬고, 일단 첫애니까 모든 게[추억이] 다 이렇게 남아 있죠. 둘째, 셋째보다 첫애는 모든 게 더 많은 것 같아요. 그리고 초등학교 때, 중학교 때 재밌었던 것보다 저는, 첫애는 동생들이 있으니까 조금 더 혼냈던 것 같아요. (면담자 : 어떤 걸로요?) 왜, 그런 거 있잖아요. 동생이 잘못해도 첫째가 혼나고, "니가 잘못하면 니 동생들이 너 따라서 한다"고 혼내고 그런 거, 그런 게 많았죠.

면담자　　　동생들이 많이 따라 했어요?

준혁 엄마　　(웃으며) 그런 것도 없지 않아 있죠. 그리고…(침묵) 중학교 때는 학교 가야 [하니까], 예전에는 그래도 말썽은 많이 안 부리고 학교를 다녔는데, 중학교 때였죠. 지금은 5일제 수업이니까 학교를 안 가잖아요, 아예. 근데 애들 3학년 땐가, 2학년 때부터 아마 토요일을 격주로 가고 안 가고 했을 거예요. 그때 학교 땡땡이 쳐가지고 잡으러 다녔던 기억도 있고(웃음).

면담자　　　땡땡이 치고 어딜 간 거예요?

준혁 엄마　　PC방(웃음).

면담자　　　아, 게임 좋아했어요?

준혁 엄마　　뭐, 애 친구들이, 남자애들은 PC방 가는 거 누구나 다 좋아하니까. 그래 가지고 쫓아다녔던 기억도 있고… 고등학교 때는 애들이 중학교랑 고등학교를[랑] 애들이 확 달르더라고요. 고등학교 올라가니까 쪼끔 많이 의젓해지드라고요. 그래서 고등학교 때는 별로 속 썩인 일도 없었고, 그래요.

면담자　　약간 혼냈던 것들이 기억에 남는다고 하셨는데요.

준혁 엄마　　원래 그러잖아요. 잘해준 것 보다 못 해준 거만 기억이 나니까, 그러니까 잘해준 것보다는 맨날 혼냈던 것밖에는 기억 안 나요.

면담자　　준혁이 키우시면서 특별하게 중요하게 생각하셨던 게 있으세요? 뭔가 이건 배워야 한다라든가?

준혁 엄마　　"공부 좀 하라"고 그렇게 그러는데도 안 되더라고요. 왜 첫애한테는 기대치가 좀 많잖아요. 그래 가지고 이것저것, 아까도 말씀드렸다시피 이것저것 다 해봤는데 안 되더라고요. 그래서 공부도, 중학교 초반에는 학원을 보냈는데, 학원을 보냈을 때랑 안 보냈을 때랑 성적이 똑같은 거예요(웃음). 그래 가지고 제가 그랬어요. "그러면 괜히 학원비 보태주지 말고 너 놀고 싶으면 놀고, 운동하고 싶다 그러면 운동해[시켜] 줄 테니까, [운동 배우는데] 보내줄 테니까 그렇게 해라" 그랬더니 "학원 그만두고 운동은 안 한 대요". 그래서 그냥 놀았어요(웃으며 눈물을 훔침).

면담자　　성적 같은 걸로 혼내기도 하셨어요?

준혁 엄마　　그럼요, 혼내기도 했죠. 근데 그건 뭐 안 되더라고요. 성적은 본인이 안 하니까 안 되드라고요.

면담자   동생들과 비교하면 안 된다고 하지만은 어떠세요? 동생들이랑 준혁이 키웠을 때랑 뭔가 다르거나 이런 것도 있으셨어요?

준혁 엄마   글쎄요, 다른 거는 별로 없는 것 같애요. 지금 애들도 지 오빠랑 하는 게 똑같은 거 같애요(웃음). 하는 거 보면 똑같애요. 맨날 지금도 애들 혼낼 때 "어쩜 그렇게 니 형아랑 똑같냐. 니 오빠랑 똑같냐, 하는 짓이" 그러면서 뭐라 하거든요. 어쩔 수 없나 봐요, 그거는.

면담자   준혁이가 특별히 말썽부린 게 있나요?

준혁 엄마   그런 건 없어요. (면담자 : 그런 건 없나요?) 네, 기억에 남는 거는 고 정도. PC방[으로] 도망가 가지고 그거 잡으러 다닌 거, PC방마다 들어가 가지고 애 찾느라고. 학교에서 전화가 왔거든요, 그때. "오늘 학교를 와야 되는데 안 왔다" 그래 가지고 "네, 그러면 제가 한번 찾아볼게요" 그러고는 동네 PC방을 돌아다녔죠. 그랬더니 저는, 애들이 단순한 게 자기가 잘못했으면 좀 멀리 있을 줄 알았어요. 그래 가지고서는 집에서 좀 먼 데를 가서 뒤졌는데 결국에 찾은 거를[는] 집 앞에서 찾았어요(웃음).

면담자   등잔 밑이 어둡다고 하니까요.

준혁 엄마   네. 그래 가지고 애들 데리고, 그때 세 명이었거든요, 저희 애까지. 그래 가지고 다 택시 태워가지고 데리고 가서 선생님한테 "많이 혼내시고 청소도 많이 시키[시]라"고 그러고선 오고 그랬어요.

면담자　　준혁이가 효도한 것 중에 기억에 남는 거 말해주세요.

준혁 엄마　　효도한 거. 제가 가게 나가고 하니깐 동생, 우리 막내가 초등학교 1학년 때 우리 준혁이가 중1이었어요, 6살 차이 나니까. 그러면은 제가 일을, 가게를 나가기 때문에 우리 막내를 학교, 저기 뭐지, 돌봄교실, 거기를 집어넣었거든요. 그러면은 한 4시, 5시 정도[에] 끝나요. 그러면은 우리 준혁이하고[한테] "너 학교 끝나고 오면서 니 동생 데리고 와라" [해요]. 근데 애들이 그거 잘 안 할려 그러거든요. 근데 그래도 착하게 동생은 꼭 데리고 오더라고요. 안 할려 그러는데, (면담자 : 데리러 가기 싫었을 텐데요) 네, 그래도 꼭 데리고 오더라고요.

면담자　　그리고 어머님 집에 오실 때까지 기다리고요?

준혁 엄마　　네. 그리고 저 없으면은 동생들한테 자기만의 창작의 요리 있죠. 뭐, 넣지 말아야 하는 것도 넣고 애들 이것저것 멕이고, 라면을 제일 많이 끓여서 멕였죠. (면담자 : 아, 그 빈대떡 라면 같은 거요?) 뭐, 그럴 수도 있고 보여주지는 않았는데 애들이 얘기를 하니까 아는 거예요, 동생 애들이. "오빠가 뭘 해줬어", "형아가 뭐 해줬어" 그래서 알았죠.

면담자   그렇군요. 그러면은 어머님이 보통 세상 돌아가는 얘기라든가 입시 관련 정보들은 어디서 얻으셨어요?

준혁 엄마   이게 다 주워들은 거죠, 여기저기서.

면담자   학부모 모임 같은 것도 나가셨어요?

준혁 엄마   아뇨, 안 했어요. 나가고 싶었는데 너무 아는 사람이 없으니까 나가기가 쪼끔 힘들었어요. 그래 가지고 우리 막내 초등학교 1학년 때는 나갔어요, 막내는. 그때 당시에는 막내 1학년 들어갈 때는 동네에서 한 1년 정도 살고 나서, 1년? 1년 넘게 살고 난 다음이어서 '그래도 한번 가볼까?' 하고서 갔죠.

면담자   준혁이를 아는 학부모분들은 단원고에 계셨어요?

준혁 엄마   단원고에서는…, 친구들은 다 아는데 엄마들은 잘 모르죠. 친구들은 많이 아는데, 친구들은 많이 알죠(침묵).

면담자   그럼 주로 만나신 분들이 가게 일 하시면서 만나는 그런 분들이라든가, (준혁 엄마 : 네) 직원분들 주로 만나셨나요?

준혁 엄마   아빠[남편] 혼자 하시니까 직원은 없고, 주변에 옆에 상가[가] 있으면은 거기에[그 상가] 사람들, 그 정도죠.

면담자   그렇군요. 혹시 그 전에 투표는 하시는 편이었나요?

준혁 엄마   거의 다 했죠.

면담자   박근혜 찍으셨어요?

준혁 엄마　　　아니요(웃음). 저는 그때도, 제 기억에는 그때도 문대통령 나왔었잖아요. 그때도 찍었어요.

면담자　　　네. 한국 사회와 정치에 대해서 어떤 관심을 가지셨는지를 둘러서 물어보는 질문인데요(웃음).

준혁 엄마　　　아, 전혀 관심이 없었어요. 근데 지금은, 지금도 솔직히 잘 몰라요. 정치고 그런 건 전혀 모르는데, 좀 알아볼려고 알아갈라고 인터넷도 좀 보고 그런 정도지, 지금은. 지금도 거의 몰라요.

면담자　　　관심을 갖지 않아도, 무관심해도 잘 돌아가는 게 좋은 정치라고 하잖아요.

준혁 엄마　　　네. 조금, 일부러 좀 찾아보기는 할려고 하는데, 그래도 너무 어려워요. 솔직히 정치도 그렇고 경제도 그렇고 어려운 것 같아요.

면담자　　　아무래도 4·16이 일어난 후에 찾아보시게 되던가요?

준혁 엄마　　　네, 더 많이 보게 되죠.

면담자　　　그래도 박근혜를 찍지 않았던 이유가 있다면 무엇일까요?

준혁 엄마　　　그냥 싫었어요, 그냥 싫었어요. 그래 가지고 안 찍었어요.

준혁 엄마 전미향

면담자   혹시 그 정당 쪽을 계속 안 찍으셨거나 그런 건가요?

준혁 엄마   아, 그건 아니었는데, 아니다 싶어 가지고 저는 그때
안 찍었어요. (면담자 : 아, 그러셨군요. 네, 알겠습니다) 연세 있는 분
들은 당 보고 찍잖아요, 후보를 보고 찍는 게 아니라. 저희 시댁 가
도 그 당시에 한나라당인가 그랬죠?

면담자   한나라였나 새누리였나, 자꾸 바뀌어가지고 헷갈리
네요.

준혁 엄마   하여튼간 그랬죠. 그런 쪽이었잖아요. 네, 다 그쪽을
찍어야 된다고 막 시댁 갔는데도 그러더라고요. "네, 찍었어요" 이
렇게 [대답]했는데 저는 안 찍었어요(웃음). 제가 누굴 찍었는지 어
떻게 알아요. 그냥 그 앞에서는 "네, 찍었어요" 그러고 있었지.

면담자   시댁분들도 나중에는 마음을 좀 바꾸셨어요?

준혁 엄마   그때 잠깐만 바꾼 것 같애요.

면담자   요즘에는 다시 그쪽 정당을 지지하시나요?

준혁 엄마   네, 아무래도 노인들이니까(웃음).

4
수학여행 준비와 4·16 당시

면담자   그렇군요. 수학여행 관련해서 여쭤볼려고 하는데요,

출발하기 전에 수학여행에 대해서 어떤 이야기를 알고 계셨어요?

준혁 엄마   네. 가는 건 알고 있었고, 가통[가정통신문]을 가져왔으니까 알고 있었고. (면담자 : 아, 가정통신문을 보셨군요) 네. 글고 고등학교 올라갔으니까 주변에 아는 분들도 있잖아요, 아는 분 중에 준혁이 1년 선배 엄마가 있었어요. 근데 1년 선배들도 우리 애들이랑 똑같은 코스로 배 타고 갔다가 비행기 타고 오는 코스로 갔다 왔는데, "배에서 너무 재밌었다"고 좋다고 애들이 그랬다는 거예요. 그래 가지고 "야, 이거 재밌대, 재밌대. 엄마도 아직 배 한 번도 안 타봤는데. 비행기는 타봤지만 배는 한 번도, 이렇게 큰 배는 안 타봤어. 재밌대. 밤에 불꽃놀이도 하고 재밌댄다" 그랬더니 "그러냐"고. 애들은[이] "막 좋다"고 자꾸 옆에서 그러니까 자기도 "좋다"고 그러면서[그래서] 보낸 거죠. 그래서 내용은 애가 가져오기 전에 미리 어떻게 갈 거라는 거는 알고 있었죠.

면담자   준혁이는 제주도는 처음이었던 거죠? (준혁 엄마 : 네) 가기 전에 준비 같은 거 하잖아요. 일단 그 공문을 받으셨던 거고, 사전에 배로 갈지 비행기로 갈지 설문 조사 같은 것도 다 가정통신문으로 체크[확인]하셨었나요?

준혁 엄마   그랬던 것 같애요.

면담자   제주도로 갈지 딴 데로 갈지 그런 것도 조사를 했다고 하던데, 그런 것도 받으셨어요?

준혁 엄마   그건 잘 기억은 안 나는데요, 배로 가라고 했던 걸로 봐서는 그게 제주도였던 것 같애요.

면담자   짐 싸는 것도 같이 하시고 쇼핑도 하셨어요?

준혁 엄마   저는 안 했고, 혼자. 친구랑 같이. 돈 주고 갔다 오라고 했더니 뭐 딴 건 안 하시고 후드집업 하나 사 들고 왔더라고요.

면담자   네. 그러면은 짐 싸고 마지막으로 준혁이를 보신 게 언제죠?

준혁 엄마   가는 날.

면담자   가는 날이요?

준혁 엄마   네.

면담자   학교 수업하고 출발을 했잖아요.

준혁 엄마   네. 아침에 본 거죠, 아침에 등교할 때.

준혁 엄마   짐 가지고 가는 모습을 보신 거네요. (준혁 엄마 : 네) 원래 그날 수업을 하고 저녁에 가는 걸 알고 계셨던 거죠?

준혁 엄마   네, 알고 있었죠.

면담자   그리고 계속 연락은 주고받으셨어요?

준혁 엄마   저는 사실은 일부러 안 했어요.

면담자   평소에도 안 하시는 편이세요?

준혁 엄마   아뇨, 평소에는 자주 하는데 일부러 안 했어요. 가서 친구들하고 재밌게 놀으라고. 엄마가 자꾸 전화하고 문자하고 그러면 신경 쓰일 것 같아서, 나는 사실은 연락을 안 했어요. 근데 갈 때였나, 가기 전 출발하기 전쯤이었나 제가 문자는 하나 보냈어요. "재밌게 놀고, 가서 멋진 사진 있으면 사진이나 좀 찍어서 보내" 그랬더니 "알았다"고. 고게 마지막이었죠.

면담자   처음에 소식을 들으셨을 때가 아마 기억나실 텐데, 조금 힘드시겠지만 진도에 내려가기까지의 상황을 가능하면 자세히 이야기해 주시겠어요?

준혁 엄마   (울며) 그날이, 제가 다세대주택을 살았거든요. 저희가 주인 세대를 살고 아래층에 여러 가구들이 살았는데, 제가 주인 세대를 사니까 저희 집주인이 이 건물 관리를 좀 부탁하더라고요. 누가 이사를 가면은 고거[그] 집에 하자가 있는지 없는지도 좀 봐주고, 공과금, 세금 관련 그런 것도 좀 정리를 해달라고 그래 가지고 알았다고 해서[했어요]. 그날이 저희 아랫집이 이사를 가는 날이었어요. 그래 가지고 딴 때 같으면은 고 시간에는 집에 있을 시간인데, 애들 다 학교 보냈으니까 집에 있을 시간인데, 그 [집이] 이사 가는 바람에 제가 아래층을 내려가 있었어요. 그래 가지고 TV를 전혀 못 보고 있었어요.

그러고 나서 그분이 이사를 간 다음에, 다 뺀 다음에 그다음에 올라왔더니 TV에 그게 뜬 거예요. 그러고 나서 보고 있는데, 그때부터 손도 떨리고 벌렁벌렁하고 막 그렇죠. 그래 가지고 아빠한테, 애 아빠한테 전화하고 언니한테 전화하고 그래 가지고, 애 아빠보고 "빨리 와라. 학교를 가든 어디를 가든 빨리 가야 되겠다" 그래서 오라고 그래 가지고 [준혁이 아빠가] 집에 와서. 저는 그동안에 오는 동안에 애한테 전화 계속하고, 연결, 전화 연결이 안 되니까 계속 애한테 전화하고. 그러면 그게 바다에서 그렇게 됐으니까 뭐, 계속 그게 나왔잖아요. "전원 구조" 그 자막이 계속 나와놓으니까 바다에서 건져지면은 애 옷이 젖었을 거 아니에요? 그래서 옷(울음) 다 챙기고 그러고 학교를 왔어요.

학교를 갔는데 벌써 취재진, 차, 사람들[이] 엄청 많더라고요. 근데 저는 학교를 올라가진 않았어요. 딱 보니까 올라가도 별다른 게 없겠더라고요. 그래 가지고 애 아빠한테 "힘들지만 우리 차 가지고 진도로 곧장 가자. 가는 동안에 인터넷을 계속 확인하면서 가면 되니까 가자, 가자" 그래 가지고 중간에 쉬지도 않고 3시간 반, 4시간 안 돼서 진도까지 간 거 같애요. 4시간 안 걸린 것 같애요. (면담자 : 오후에 도착하셨겠네요) 네, 우리가 한 10시 안 돼서 출발한 것 같은데, 10시 안 돼서 출발을 한 것 같고. 가니깐 하여튼간 한 4시간 만에 간 것 같아요.

| 면담자 | 어디로 향하셨어요? |

| 준혁 엄마 | 저희는 체육관으로 갔어요, 체육관으로. |

| 면담자 | 진도체육관으로 가시면 된다는 것은 학교에서 알려 |

췄나요?

준혁 엄마   그거는 저희보다 먼저 출발한 엄마가 계셨어요. 저희 옆에 사시는 분인데 거기도 단원고, 거기는 생존잔데 그 엄마가 먼저 가셨어요. 거기는 교회 다니시는 분인데 교회에서 단체로 가신다는, 봉고차로 몇 분이 이렇게 가신다는 거예요. 그래서 저희보다 먼저 출발을 했어요. 그래 가지고 그분이 먼저 도착하고, 가는 도중에 전화가 오더라고요. "딴 데로 가지 말고 체육관으로 와라" 그래 가지고 저희가 체육관으로 내비[내비게이션] 찍고 갔죠.

면담자   그러면 동생들은 안산에 있었나요?

준혁 엄마   언니, 언니가 [있으니까] 애[들은] 언니한테도 있었고, 오빠도 안산에 살았으니까 오빠한테도 얘기해 놓고 그리고 저희는 갔죠.

면담자   그럼 진도에 도착한 후에 첫 장면이 어떤 거였어요?

준혁 엄마   (한숨) 딱 갔는데, 저희는 딱 가가지고 제 기억에는 그 명단 같은 거 그거를 제일 먼저 봤던 것 같애요.

면담자   어떤 명단이죠?

준혁 엄마   이게 생존자 명단이라 해야 되나? 그거였던 것 같애요. (면담자 : 일단 나온 아이들 명단이요?) 응, 나온 아이들. 그 명단 제일 먼저 봤던 것 같고 그다음에 체육관 안에 들어가니까 뭐 난리가 나 있죠. 여기저기서 소리 지르고 울고불고, 부모님들은 계속 도착을 하잖아요. 저희도 갔지만 저희 뒤에 오신 분들도 계속 있으니까 오시면서, 올 때마다 한바탕씩 난리들이 나는 거죠. 그러고 있었죠.

면담자   체육관에서 굉장히 많은 일이 있으셨잖아요.

준혁 엄마   근데 저는 아실지 모르지만, 저희 애는 일찍 나왔어요. 저희 애가 번호로 하면은 11번인가 그래요. 11번인가 10번인가 그것도 가물가물하네요, 들었는데도. 그 번호상으로 10번인가 11번이에요. 그래 가지고 진도에서 체육관에서는 한 밤도 안 잤어요. 한 밤도 안 자고 그 첫날 16일 날 밤에서 17일 날로 넘어가는 그 밤에 저희는 팽목으로 왔어요. 아빠 친구들이 그때 다 진도로 내려와 가지고 그 아빠들이, 아빠 친구들이 "여기 있으면은 소식이 빠르질 않은 것 같다, 팽목으로 가자" 그래 가지고 다 우리 짐 있는 거 들고, 가지고 팽목으로 갔어요. 그래 가지고 거기 있었어요. 그리고 거기에서 하룻밤을 있었죠. 그 17일 날, 16일에서 17일로 넘어가는 그 밤하고 17일에서 18일로 넘어가는 그 밤, 고때 그렇게만 있었어요, 팽목에. 그리고 준혁이가 17일에서 18일로 넘어가는 그 밤에 나왔어요.

면담자   소식은 어떻게 들으셨어요?

준혁 엄마   저는 천막 안에 있었고 애 아빠가 이렇게. 혹시 거기 가보셨나 모르겠지만, 팽목에 가보셨죠? (면담자 : 네) 저희가 있던 천막은 요기 있고, 그 경비정이라 그러죠, 배. 애들 데리고 오는 그

경비정 그거가 들어오는데 그거 들어오는 항구는 요쪽이더라고요, 그죠? 근데 이 배가 일[저리]로 가야 되는데 잘못해서 일[이리]로 왔다가 다시 돌아서 일[저리]로 가더래요. 그래 가지고 아빠가 느낌에 '이상하다, 왜 저 배가 일[이리]로 왔다가 절[저리]로 가지?' 그러면 느낌에 딱 우리 애가 있을 것 같더래요, 딱 보구서. 그래 가지고 글[그리]로 막 뛰었대요, 친구들하고. 저는 안에 있어서 몰랐고, 막 뛰었대요.

근데 그때 애들 몇 명을 데리고 나왔는데, 여자아이, 남자아이 이렇게 나왔는데, 우리 애 아빠가 [보니까] 누구 하나를 데리고 나오는데 우리 애 같드래요, 느낌에. 그래 가지고 "보여달라"고 그랬더니 안 보여주드래. 그래 가지고 "분명히 내 자식 같으니까 나 보여달라"고 거기서 "보여주라"고 "보여주라"고(울음). 막 그래 가지고 딱 봤는데 저희 아이가 맞더래요(울음). 그래서 아빠가 제일 먼저 봤어요. 그러고 나서 저희 작은고모부, 그러니까 시누 남편, 시누 남편이 절 데리러 왔더라고요, 제가 거기 있으니까. "준혁이 나왔다고 빨리 가자"고 그래 가지고 목포 한국병원, 글[그리]로 갔어요.

면담자　　　그러면은 체육관에는 거의 안 계셨던 거네요.

준혁 엄마　　그렇죠, 몇 시간 안 있었죠. 길어야 한 10시간?

면담자　　　그럼 대통령이 온다든가, 프락치가 있었다든가 못 보셨겠네요.

준혁 엄마　　저[는] 하나도 못 봤어요. 그것도 다 소식으로만 들은 거예요.

면담자 　　혹시 팽목에 계실 때는 기억에 나는 장면 같은 게 있으세요?

준혁 엄마 　　(한숨) 그 누구지? 해양수산부 장관. 해수부 장관 와 가지고 얘기할 때 부모님들 막 욕하고. (면담자 : 아, 거기 계셨어요?) 네, 막 싸우고 그럴 때 있었어요. 그때 뭐 "왜 애들 빨리 들어가서 수색을 안 하냐, 뭐를 안 하냐" 막 그런 거 얘기하고 있을 때 있었어요. 그리고 또 언제 있었지, 뭐 하고 있었지?(한숨) 그땐 또 비도 많이 왔거든요. 그래 가지고 밖에 나가 있기도 되게 힘들었어요. 그래 가지고 밖에, 거기 부두, 배 들어오는 고 부두에 앉아 있다가, 안으로 들어갔다가. 그 우리 갔을 때는 천막도 많이 설치도 안 돼 있었어요. 그래 가지고 천막 하나 설치해 가지고 거기 새로 지어가지고, 그 안에 들어가 있고 고러고 왔다 갔다 하루 보낸 것 같아요.

면담자 　　준혁이를 기다리던 상황과 느낌에 대해서 말씀해 주시겠어요?

준혁 엄마 　　잔인하다(헛웃음). (면담자 : 죄송합니다) (한숨) 참…(침묵).

면담자 　　빨리 나온 편인 거죠? (준혁 엄마 : 네) 더 놀라셨을 것 같아요.

준혁 엄마 　　(울음) 그렇죠. 다 그랬어요. 처음에 나온 애들은 부모님들 다 그랬어요. "안됐다. 우리 애는 아직 저기서 살아 있을 텐데 쟤는 잘못돼서 안됐다". 거의가 그랬어요. "쟤는 안됐다, 안됐다" 그랬는데 그게 갈수록 "다행이다", "다행이다"로 바뀌었잖아요, 못 찾으니까. 그 당시엔 그랬어요. 그 당시에 보면은 그 천막 안에도 이렇게 가족들이 다 앉아 있는데, 누구 나와서 짐 싸 들고 가잖아요. 그러면은 다른 부모님들은 "어우, 저 집은 안됐다" 이렇게 되는 거예요. 그리고 뭐 기다릴 때는 못 해준 것만 기억나요. 이런 '옷도 좀 많이 사줄걸. 용돈 좀 많이 줄걸, 많이 어디 데리고 다닐걸' (울음). 2박 3일간 있었잖아요. 근데 진짜 다른 분들은 더 오래 계셨잖아요. 근데 저 그동안에 있는데도 진짜 물 한 모금 먹기도 힘들더라구요, 정말 그랬어요. 그래서 그동안에 밥도 한 끼도 못 먹었고, 넘어가질 않아요. 아빠 친구들이 와가지고 "이거 먹어라, 저거 먹어라" 계속 갖다줬어요. "알았다"고 받아놓고 옆으로 밀어놓고, "알았다"고 그리고 옆으로 밀어놓고 계속 그랬어요. 아빠 친구들도 고생이 많았죠.

면담자   진도에서는 다른 학부모분들과는 많이 안 만나셨겠네요?

준혁 엄마   몰랐어요, 아예 몰랐죠. 아예 몰라가지고 있는데 다행인 게 안산에 올라와 가지고 저희 아빠랑 사회친구가 한 명 있어요. 그게 하용이, 빈하용. [구술]하셨을 거예요. 거기 아버님이 하셨죠? 네, 하용이 아버님이 저희 애 아빠랑 사회친구인 거예요. 거기서 우연히 만났어요. 여기 와가지고…

면담자   일 관련으로 원래 알고 계셨다는 거죠?

준혁 엄마   네, 일하다가 어떻게 알게 됐는데, "너 왜 왔냐", "너
는 왜 왔냐?" 서로 그런 거예요, 거기서. 그래 가지고 "우리 애도 지
금 여기 다닌다. 몇 반이냐?" 하니까 같은 반이고 번호도 거의 앞뒤
번호고 그래 가지고, 거기서 하용이네만 먼저 알았죠.

면담자   반 모임 이런 것도 나중에 연락받으셨겠네요?

준혁 엄마   네. 그 진도에 있을 때 "밴드[에] 반 모임을 만들었다"
그러더라고요. 근데 저희는 없었어요, 거기에는. 나중에 어느 정도
아이들 올라온 다음에 초대돼 가지고 들어갔죠.

면담자   4월 17일 밤에 올라왔다고 말씀하셨는데, 말씀하셨
듯이 그때 아버님만 보신 건가요?

준혁 엄마   그 당시에는, 거기에서는 그 배에서 나왔을 때.

면담자   나중에는, 확인이라든가 이런 절차가 복잡해졌다고
하더라고요.

준혁 엄마   아, 저희 때는 그냥…(한숨) 왜 유전자 검사하고 뭐
그랬잖아요. 근데 제 기억에는 목포에 갔는데 애를 보여주드라고
요, 근데 건드리지 못하게 하고.

면담자   목포로 가셨어요? (준혁 엄마 : 네) 팽목에서 다시 목

포로 이동해 아이를 확인하신 건가요?

준혁 엄마　　네. 병원에서 봤는데, 애를 보여주드라고요. 근데 "애는 만지지를 말라" 그러더라구요. "만지지는 말라" 그러고 "그냥 보기만 하라"고, "확인만 하라"고 그래 가지고 확인을 하고서는 "우리 애 맞다"고 그렇게 해서 나왔고, 가는 중간에는 아빠는 먼저 애 데리고 목포에 가 있고, 저는 고모부랑 같이 가는 길이었고. 그래서 아빠랑 계속 통화를 했죠. 저희 애가 7살 때 휠리스, 바퀴 달린 신발 그게 처음 나왔을 때 그걸 타고 놀다가 넘어졌어요. 그래 가지고 오른팔을, 여기를 심 박는 수술을 했어요, 뼈가 부러져 가지고. 그래 가지고 "이거 확인했냐? 수술 자국", 애 수술 자국이 굉장히 크거든요. "이거 확인했냐?" 하다못해 애가, 남자애들은 고래 잡는 수술하잖아요. 내가 "그것도 확인했냐?" 그런 것도 다 물어봤어요. 그랬더니 "다 확인했다"고 그러더라고요. 그래 가지고 확인하고 나왔는데 그 교육청에서 나오신 분인지 학교 선생님인지는 잘 모르겠는데 "준혁이가 맞냐?"고 몇 개 확인을 계속하길래, 저는 제 핸드폰에 있는 사진을 보여줬어요. 애가 "제 [애], 우리 애다 이걸로 확인을 해봐라" 그랬더니 "알았다"고, "맞다"고.

면담자　　선생님들이랑 뭔가 연락도 받고 이런 게 있었나요?

준혁 엄마　　아니요, 연락은 없었어요. 근데 저는 체육관에서 선생님을 만났어요. 저희 담임선생님은 생존자였어요. 생존자 김××선생님이었는데 만났어요. 만났는데, 저는 가가지고 제일 먼저 그

명단도 확인을 했지만 애들을 먼저 찾았어요. "혹시 4반 아이들 어 됐냐?"고, 애들이 그때 와 있었거든요, 거기에. 애들 이렇게 담요 뒤집어쓰고 와 있더라고요. 그래 가지고 "4반 아이들 어딨냐?" 그 랬더니 어디를, 애들은 이렇게 막 얘기를 하면서 "여기 있다"고 "저 쪽에 있다"고 해서 갔는데 애들이 있더라구요. 애들한테 "준혁이 봤냐?" 그랬더니 "아침에는 봤다"고 얘기를 하는 거예요.

그래 가지고 "그러면은 선생님은 어디 계시냐?"고, "선생님도 계신다는 것 같은데 선생님은 어디 계시냐?" 그랬더니 애들이 찾더 니 "선생님 저기 계신다"고 그래 가지고 "제가 준혁이 엄만데 우리 준혁이 어떻게 된 거냐?"고, "언제 보셨냐?"고 "어떡하셨냐?"고 그 랬더니 "아침에 로비에서는 봤다"는 거예요. 근데 그 이후로는 못 봤다는 거예요.

근데 그게 사람이 지나고 나면 후회가 되는데, 지나고 나니까 선생이고 뭐고 간에 정말 그 봤을 때 진짜 머리채라도 잡고서 흔들 었어야 되는 게 맞는 것 같더라고요. 근데 저는 그걸 하나도 못했 어요. 그냥, 저는 그냥 선생님이니까 좀 어려운 존재잖아요. 그래 서 그냥 보낸 게 너무 아쉽더라고요.

면담자   왜요?

준혁 엄마   그니까 진짜 애들을 안 구하고 자기는 살아서 나왔 잖아요. 〈비공개〉 애들을 먼저 내보낼 생각을 했어야지 자기 살겠 다고 먼저 나온 거잖아요. 그니까는 나중에 그게 후회가 되더라고요. 진짜 머리채라도 흔들든가 어디를 뚜들기든가 했어야 됐는데 그걸 못 한 게 너무 아쉬웠고, 나중에 좀 날짜가 지나고 나서 보니까 인터뷰도 했더라고요. 그 선생님이 어떤 선생님이랑 같이 나왔는데, "그 선생님은 어떻게 됐냐?"고 물어보는 인터뷰였어요. 근데 "그 선생님도 살았다"고 하니까 "다행"이라고 "다행"이라고 막 그러면서 인터뷰를 했더라고요. 그러니까 그걸 보니까 또 속이 뒤집어지죠(한숨). 그래서 그 선생님 그렇게 보낸 게 제일 후회가 많이 남았어요, 그 진도체육관에서는.

면담자 　담임선생님은 지금 어떻게 계신대요?

준혁 엄마 　연락이 안 되죠. 생존자분이 두 분 계시거든요, 선생님. 근데 10반 선생님은 제가 알기로는 나와서 공개 사과를 하신 걸로 알아요, 부모님들한테. 근데 저희 담임은 전혀 모습을 안 나타냈어요. 근데 누구 얘기로는 조문객들이랑 섞여서 조문을 왔었다는 얘기도 있어요. 근데 저는 몰라요.

면담자 　4반 아이들은 생존 학생들이 어느 정도 되나요?

준혁 엄마 　10명 미만인 것 같아요.

면담자 　따로 만나거나 하진 않으신 거죠? (준혁 엄마 : 않았고요) 네. 준혁이는 그 후에 장례라든가 이런 것도 보도가 되었었는데, 20일에 안산 제일병원에서 장례를 치렀나요?

준혁 엄마 　18, 19, 20일. 네, 했어요.

면담자 　　　혹시 어떻게 했는지 기억이 나세요?

준혁 엄마 　　다 나죠, 그것마저. 어느 집은 [장례]할 때 "수의도 제일 싼 거를 하고 뭐 어쨌다"고 그런 얘기도 하시더라고요. 근데 저는 안 그랬어요. 마지막 가는 길이니까 다 제일 좋은 걸로 해주라고, 그래서 보냈죠, 그렇게(울음).

면담자 　　　그 과정에서 어머니는 인터뷰를 계속 안 하셨던 거죠?

준혁 엄마 　　아뇨, 아무도 안 했어요.

면담자 　　　네. 근데 혹시 유족 대표라고 해서 4월 20일 그때쯤에 김창영 씨 이런 분이 인터뷰한 게 있었는데 아는 분이세요?

준혁 엄마 　　준혁이 저기라고 유가족이라고 인터뷰한 사람 얘기하는 거죠? (면담자 : 네) 저도 봤는데 우리랑은 전혀 관계없는 사람이에요. (면담자 : 정말요? 어떻게 그게 가능하죠?) 제가 찾아봤어요. 그 단원고 안준혁 해가지고 인터넷 처가지고 봤는데 남자분이 상복 입고서 인터뷰를 했더라고요, 준혁이 유가족이라고. 근데 저희랑은 전혀 관계없는 사람이에요.

면담자 　　　안준혁 군의 유족 대표 김창영이라고요.

준혁 엄마 　　이름은 모르겠어요. (면담자 : 네, 맞아요. 지금 제가 검색해 봤거든요) 제가 얼굴도 봤는데 저희랑은 전혀 관계없는 사람이에요. 네, 전혀 관계없는 사람.

면담자 　　　그때는 그런 보도가 있는 걸 모르셨어요?

준혁 엄마	인터뷰한 거를?
면담자	네, 인터뷰라든가 언론보도에 대해서요.
준혁 엄마	"인터뷰를 할 거냐?"고 연락은 왔었어요. "하실 수 있겠냐?" 뭐 어쩌고 그런 건 있었는데 우린 "아무도 안 한다" 그랬거든요.
면담자	그럼 김창영 씨란 분이 안준혁 군의 유족 대표라고 나온 거를 어머님도 나중에 아신 거네요?
준혁 엄마	그렇죠, 나중에 알았죠.
면담자	뭐 하는 사람이에요?
준혁 엄마	모르겠어요. 저는 그렇게 나왔길래 그냥 그렇게, 왜 이 보도하는 것도 이름이 잘못 나갈 수도 있고 그러니까 나는 '그렇게 나온 사람인가' 하고 그냥 넘어갔거든요. 근데 보니까 우리랑 전혀 관계없는데 인터뷰를 했더라고요.
면담자	저도 보고서 성씨가 다른데 어머니의 친척분이신가 이런 생각을 했거든요.
준혁 엄마	전혀 관계없는 사람이에요.
면담자	깜짝 놀라셨겠어요.
준혁 엄마	"이 사람 누구야?" 처음엔 그랬죠. 근데 그날 저희 말고도 발인한 사람들이 있으니까 '그쪽이랑 관계가 있는 사람이거나

그렇겠다' 그렇게 생각을 했죠.

면담자   그 당시에 보도가 참 엉망이었네요.

준혁 엄마   그러니까요. 제대로 확인도 안 하고 그렇게 내보낸 거죠.

면담자   그 소식 듣고 다른 가족분들도 많이 놀랐을 텐데, 동생들은 괜찮았어요?

준혁 엄마   저희… 누가 그러더라…, 누가 얘기를 했는데. 저희가 4층이었는데 누가 계속 울드래요. 누가 누구한테 얘기를 들었는데 그것도 가물가물하네, 누가 그랬는지. 근데 그게 "우리 딸이 그렇게 울었다" 그러드라고요. "집에서 그렇게 울었다" 그러더라고요.

면담자   그러면 부모님 진도에 가신 사이에 (준혁 엄마 : 네(울음)) 다른 친척분들도 많이 놀라셨겠어요.

준혁 엄마   그렇죠.

면담자   지금은 혹시 동생들이랑도 이야기도 나누세요?

준혁 엄마   아뇨, 안 해요. 그 당시에 있었던 그런 얘기는 전혀 안 해요.

면담자   형제자매들의 트라우마 관련해서 치료라든가, 나라에서 지원이 있었다고 들었는데요.

준혁 엄마　　아, 그거는 안 했고요. 저희 딸 같은 경우는 학교에서 했어요. 학교에서 그런[상담을 해주시는] 선생님이 계셨더라고요. 그 선생님이 하셨고, 막내는 담임선생님이 하셨는데 계속 전화를 주셨어요. "그래도 잘 견디고 있다. 걱정 안 하셔도 되겠다", 이렇게 계속 전화를 주셨어요. 그래서 고렇게는 알고 있어요.

면담자　　지금까지 4·16 참사 당일 때까지의 일들을 여쭤본 거였는데, 혹시 빼놓으셨거나 추가적으로 더 얘기하고 싶으신 거 있으면 부탁드립니다.

준혁 엄마　　그날, 그 당일 날 아침에 저희 애 아빠가 출근을 했는데 가게 앞에 새가 한 마리 죽어 있으래요. 그래 가지고 "아이, 오늘 뭔 일이 안 좋을려나?" 하고 기분이 되게 찝찝하드래요. 그래 가지고 "오늘 뭔 일이 있을 것 같기도 한데" 그러고 말았는데, 딱 그날이 그날이었던 거예요. 그래서 "자기는 그런 거에 촉이 좀 좋다"고 그러면서, 그 얘기도 한참 지나서 얘기했어요. 그 일 있고 나서 한참 지나서 "사실은 그날 아침에 출근했는데 이런 일이 있었다" 하고 얘기를 하더라고요.

　　그리고 우리는 4층이어서 애들이 학교 등교하는 게 보여요. 안방 창문으로 내다보면 이렇게 애들이 등교하는 게 보여요. 근데 그날 갈 때 세 명이서 같이 갔어요. 저희 애하고 8반에 A하고 5반이었나, B가. 5반이었나 6반이었나, 셋이 가는 걸 봤거든요. 저는 제대로 따지면 그게 제일 마지막으로 본 거죠, 뒷모습. 셋이 걸어가는, 캐리어 끌고 가방 메고 그리고 가는 제일 마지막 모습이 그 거였고(울음)(한숨). 아침에 갈 때 나가는 애를 제가 붙잡았어요, 나가는 애를. 그래서 가기 전에 이렇게 안아주면서 잘 갔다 오라고 (울음). 그게 정말로 마지막 인사가 된 게 너무 가슴 아파요(침묵).

면담자   배 탄 후에는 통화를 하거나 하지는 않으셨던 거죠?

준혁 엄마   통화 전혀 안 했어요. 애들이… 그런데 나중에 배에 CCTV 있는 거 그거 나왔잖아요. 그거 볼 때 다 찾아서 봤어요, 저는. 우리 애 이동하는 동선 따라다니면서 다 찾아서 봤어요. 저는 밥 먹고 나면은 얜 '분명히 매점을 갈 거다' 생각했는데 여지없이 딱 매점에 가더라고요. 그래서, 돈도 많이 안 줬는데 자기 음료수 사 먹은 고만큼 빼고 돈은 다 지갑이랑 같이 왔더라고요. (면담자 : 짐이랑 다 찾으셨어요?) 네, 저는 빨리 찾았어요. 그 가방은 5월 6일 날인가, 그날 올라왔더라구요. 그리고 지갑은 배가 목포로 온 다음에 찾았죠, 바닥에 깔려 있었으니까. 그렇게 찾았어요. (면담자 : 최근에 찾으신 거죠?) 그렇죠. 작년, 재작년이죠. 재작년이 돼버렸네.

면담자   수원 연화장에서 장례를 하셨나요?

준혁 엄마   네. 연화장으로 해서 그다음 용인. 네, 준혁이 혼자만 수목장이에요. (면담자 : 아, 그래요?) 예, 애들이 이렇게 하늘공원, 어디지? 효원 그다음에 서호 이렇잖아요. 근데 준혁이는 저기 용인에 수목장 했어요.

면담자　　　　수목장 하신 이유 같은 게 있나요?

준혁 엄마　　　제 의사랑은 전혀 관계없었어요. 제가 정신이 없어 놓으니까 아빠가 알아서 했어요. 아빠가 알아서 했기 때문에 지금도 후회는 해요. (면담자 : 왜요?) 애들이랑 같이했으면 좋을 텐데. 반반이에요, 사실은 반반. '애들이랑 같이 있었으면은 훨씬 더 좋았을 텐데' 그것도 있고, 이제 해석하기 나름이긴 한데, 효원이나 서호나 그런 데는 건물 안에 들어가 있잖아요. 그래서 제가 저 편하게 생각을 하는 거예요. 애들은 그 안에 들어 있잖아요. 그러면 '밖에가 추운지 더운지 비가 오는지 눈이 오는지 이걸 모른다'고 저는 생각을 해요. 근데 준혁이는 수목장을 했기 때문에 밖에 있잖아요. 그러면은 '비도 맞고, 눈도 맞고, 햇볕도 쬐고 흐리면 흐린 대로, 추우면 추운 대로 그거를 다 느끼고 있겠다' 그렇게 생각하죠.

면담자　　　　자주 가세요?

준혁 엄마　　　처음에는 정말 자주 갔는데 이제 좀 시간이 지나다 보니까, 될 수 있으면은 한 달에 한 번 이상은 갈려고 노력은 해요.

면담자　　　　가실 때는 혼자 가세요, 아니면 다른 가족분이랑 가세요?

준혁 엄마　　　혼자도 가봤고 아빠랑 같이 가보기도 [했고]. 아빠랑 많이 가긴 하는데 가고 싶을 때는 혼자도 가요.

면담자　　　　동생들이랑은요?

준혁 엄마   동생들은 강요는 안 하고 싶어요. 강요는 안 하고 싶어서 명절 끝이나 이제 뭐 생일, 형아 생일이나 뭐 그럴 때 그럴 땐 "같이 가자" 하죠.

면담자   생일이 언제예요?

준혁 엄마   이번 주 일요일이요, 2월 17일(웃음). 얼마 안 남았어요.

면담자   더 많이 생각나시겠어요.

준혁 엄마   그렇죠.

5

세월호 참사 이후 활동

면담자   그 후에 사실 더 경황이 없으셨을 텐데 가족분들이 많이 올라오신 후에 바로 보도가 계속 이어지고, 거리로 나서시고 이런 일들이 쭉 이어졌잖아요. 어머님은 어떠셨어요?

준혁 엄마   저는 많이 못 갔어요. 일단 그 당시에는 애들이 아직 어려서, 하나는 초등학생이고 하나는 중1이고 그랬기 때문에 어디를 많이 다니지를 못했어요. 또 아빠도 어쨌든 자영업이니깐. 내가 회사를 다니면은 나 외에는 누군가가 돌아가게끔 하지만 혼자 하는 거라서 문을 계속 닫아놓을 순 없으니까, 아빠는 아빠 일을 해야 되고 하니까 제가 애들을 봐야 돼서 고거를 많이 다니지는 못했어요.

면담자 아버님이 하시는 일은 언제 다시 재개하셨어요?

준혁 엄마 그 전에 납품 건하고 그런 게 계속 밀려 있어서 우리는 한 일주일, 일주일에서 한 2주, 2주 정도 지나서.

면담자 그것밖에 안 쉬셨어요? (준혁 엄마 : 네) 추스를 시간이 너무 짧았는데요.

준혁 엄마 네, 엄마는 힘들어도 아빠는 좀 강하드라고요. 그래도, 또 약속돼 있는 게 있기 때문에 어쩔 수가 없더라고요. (면담자 : 네, 계속 해오신 일이니까요) 네, 그래서 어쩔 수가 없었어요.

면담자 보시기에 다시 일하거나 하시는 게 힘들어 보이지 않으셨나요?

준혁 엄마 초반은 한 1년은 되게 힘들어했어요. 술도 많이 먹고 되게 많이 힘들어했는데, 1년 좀 지나니까 좀 원래대로 돌아온 것 같드라고요.

면담자 원래 어머님도 같이 나가서 하셨잖아요. 어머님도 그 후에 같이 복귀를 하셨나요?

준혁 엄마 나가긴 나갔는데 계속은 못 나갔어요. 애 아빠가, 아빠가 [내가] 혼자 있으면은, 애들 학교 보내고 나면은 혼자 있어야 되면은 내가 잘못 생각을 할까 봐 자꾸 데리고 나가더라고요, "혼자 있으면 안 된다"고. 그래 가지고 예전에 뭐 초반, 그 전에는 매일 나갔다 치면은 그 이후에는 일주일에 한 번, 두 번 이런 식으로 자꾸 횟수를 늘렸죠.

면담자 　　혼자 계시면 많이 힘드셨죠?

준혁 엄마 　　그 당시에는 그랬죠. 자꾸 생각이 나죠. 밤에 잘 때도 애 방은 불을 끄지도 못하고 항상 켜져 있었어요, 밤에 잘 때도. 그니까 안방이 여기 있으면은 우리 애 방이 맞은쪽에 있었거든요. 그니까 문이 서로 마주보고 있는 거예요, 여기 거실이고.

면담자 　　준혁이가 방은 혼자 썼어요?

준혁 엄마 　　네. 혼자 쓰고 딸은 딸 방에 있고, 막내만 저희가 데리고 잤어요. 그 당시가 고등학생, 초등학생이니까, 우리 막내가. 하여튼 그랬어요. 그래 가지고 제가 바닥에 누워서 잤거든요. 누워서 이렇게 고개 돌리면 우리 아들 방이 보여요. 그니까 불을 끌 수가 없드라구요(울음). 그래 가지고 항상 켜놨어요, 항상. 불은 한 거의 1년 정도는 켜놨던 것 같애요, 밤에, 항상 켜져 있게.

면담자 　　이사를 하셨다고 했는데 1년 정도 후에 하신 건가요?

준혁 엄마 　　아뇨, 더 있다가 했죠. 일 있고 거의 2년 있다가 이사 했죠.

면담자 　　집에 계실 때 굉장히 오랫동안 힘드셨을 것 같아요.

준혁 엄마 　　네. 그래도 몇 년 살다 보니까 옆에 아는 분들[이] 있으니까 그분들도 자꾸 집에 와요. 오고 그래서 쪼끔 괜찮았죠. 그리고 자꾸 밖으로 데리고 나가고, 저를. 아는 동생들도 그렇고 그래서 쪼끔 견딜 만했죠, 그때 당시에는.

면담자   가협[4·16세월호참사가족협의회]에서 연락 같은 거, 같이 밴드 만든 거 가입이라든가, 그런 연락은 언제 처음 받으셨어요?

준혁 엄마   글쎄요. 기억이 안 나네, 언젠지. 그때 저는 빨리 와서 거의 초창기예요. 연락도, 제일 처음에 부모님들 모였던 게 올림픽기념관에서 모였어요. 그때도 제가 갔죠.

면담자   올림픽기념관에서 화랑유원지로 분향소를 옮겨가는 시점에 나가셨군요.

준혁 엄마   네. 그 당시에 그[러]니까 일단 부모님들 처음 모인 게, 전체적으로 부모님들 모인 게 여기였어요, 올림픽기념관.

면담자   혹시 그게 언젠지 기억나세요, 5월인가요?

준혁 엄마   5월이었을 거예요. 아마 그 일 일어나고 얼마 안 있었던 것 같애요.

면담자   그때 나라에서 지원을 좀 해줬다고 들었는데, 혹시 4월에는 병원에서 진료받으신 건 없으세요?

준혁 엄마   어, 저는 없었어요. 없었어요. 그냥 집에 있었지 병원엔 안 있었어요.

면담자　　　심리 치료 이런 것도 안 하셨나요?

준혁 엄마　　전혀 안 받았어요.

면담자　　　그 이후에도 받으려고 하시면 받을 수 있는 거잖아요.

준혁 엄마　　네, 근데 안 했어요.

면담자　　　왜 안 하셨는지요?

준혁 엄마　　하기 싫어요, 하기 싫어서. 일단 사람들 만나는 게 싫었던 거죠. 사람들 만나는 거 별로 안 좋았고, 그래서. 근데 초창기에는 안 만날려고 하는 부모님들 많았을 거예요. 밖으로 안 다니고 자꾸 나오라고 나오라고 그러는데도 안 나오는 분들[이] 많았어요. 그리고 5월 달부터였던 것 같은데 그 서명운동 하러 다녔던 게, 서명전 했던 게 5월 달인가로 기억을 하는데 (면담자 : 1000만 명 서명운동이요?) 네. 그게 화랑유원지[로] 분향소[정부합동분향소] 옮기고 나서부터 했으니까, 그게 5월 달이었을 거예요.

면담자　　　그때부터 나가셨나요?

준혁 엄마　　네. 저는 지방 같은 데는 못 갔어요. 근데 매일 아침에는 글[거기]로 출근을 했어요, 분향소로. 분향소로 출근해서 그 분향소 안에 초창기, 초반에는 거기 안에 청소도 좀 하고, 글[그리]고 피케팅도 하고 앞에서, 조문 오신 분들한테 서명도 받고 그거는 아침에 항상 했어요.

면담자　　　사람들 만나기 싫었다고 하셨는데, 그래도 매일 아침 나가신 이유가 있으셨나요?

준혁 엄마   아, 그거는 해야 되는 거니까. 그거는 부모들이 해야 되는 거잖아요.

면담자   그래도 안 하신 부모님들도 계시잖아요.

준혁 엄마   그거는 본인들이 알아서 할 거고. 저는 그거는 '내가 해야 된다. 내가 많은 거는 못하지만, 그거는 해야 되겠다' 했어요. 그래 가지고 아침에 아빠가 출근할 때 저[를] 거기다 내려다 줬어요.

면담자   아버님도 같이 하셨나요?

준혁 엄마   아뇨. 저희 애 아빠는 가협 이쪽에 전혀 발은 안 들여놨어요. 낯가림도 좀 심하고 그래 가지고 전혀 안 했어요.

면담자   그 전에는 아는 학부모분들은 없었던 거잖아요. (준혁 엄마 : 네, 그렇죠) 아이들은 알더라도 엄마, 아빠들은 모르고 그랬는데 가협에 나가면서 만나신 거죠?

준혁 엄마   네, 그렇죠. 나가가지고 저희 애랑 친했던 친구들이 있을 거 아니에요. 그 친구들은 다 안다고 그랬잖아요, 누군지. 나가면서 "누구 엄마다" 그러면은 "어, 내가 준혁이 엄마다" 그러면은, 예를 들어 "태민이 엄마다" 그리고 "성원이 엄마다", "현석이 엄마다", "누구 엄마다" 이렇게 해서 알게 된 거죠.

면담자   그렇군요. 5월 달 돼가지고 KBS 항의 방문은 가셨나요? (준혁 엄마 : 못 갔어요) 청와대를 향한 도보 시위 시작이거든요.

| 준혁 엄마 | 네, 그때 못 갔어요. |

| 면담자 | 국회에서 농성하는 그런 거는 가셨나요? |

| 준혁 엄마 | 그거는 갔어요, 그때는 갔어요. 거기는 갔고 청운동 갔고 그리고 광화문광장, 왜 부모님들 삭발식 하고 막 그랬죠? (면담자 : 네) 그럴 때도 가고. 가기는 그래도 가기는 가야 되는데 딴 부모님들에 비해서 현저하게 못 갔죠, 저는. |

| 면담자 | 많이 가신 거 같은데, 그렇지 않다고 생각하시나 봐요. 그렇다면 왜 못 가신 건가요? |

| 준혁 엄마 | 제가 많이 안 갔어요, 정말 저는 그래요. 어디 가도 "나는 많이 활동을 못 해서 정말 미안하다"고 항상 얘기를 하는데, 제가 약간 뭐라고 할까 폐소공포증, 약간 그런 게 있어요. 그래 가지고 갑갑하고 그런 걸 못 참아 해요. 그래 가지고 버스 대절해서 가잖아요. 그러면은 저는 뒤에 못 앉아요. 앞에 앉아야 되고, 그리고 버스면은 두 사람씩 앉게 되잖아요. 그럼 전 창문 쪽에 못 앉아요, 통로 쪽에 앉아야 돼요. 그게 뭐냐면은 정말 '무슨 일이 있으면은 빨리 나가야 된다'는 그런 게 있어요, 저는. (면담자 : 지금은 괜찮으세요?) 지금은 괜찮아요, 이렇게 넓은 데는 괜찮아요. 약간 그래 가지고 차 타고 그렇게 가는 거를 별로, 지금은 그래도 쪼금 나아진 건데. 그리고 승용차 타도 뒷좌석 가운데 못 앉아요. 뒷좌석 세 명 앉잖아요. 가운데 못 앉고, 운전석 뒷자리에 못 앉아요. 내리는 쪽에 앉아야 돼요. |

면담자　　　　예전부터 그러셨던 건가요?

준혁 엄마　　　약간, 조금 어릴 때부터는 아니고 몇 년 된 거 같애요. 이 일 있기 전에 한 2, 3년 전부터 좀 그런 게 있었는데, 일 나고 나서 더 심해진 거죠, 그게.

면담자　　　　지방이나 이런 데 다니시는 거는 어려우셨겠어요.

준혁 엄마　　　네, 지금은 그나마 조금 나아진 거예요. 저 지금 버스 타고 왔는데, 버스 타고 오면서도 조금 그랬어요. 겨울이어서 다들 옷을 두껍게들 입잖아요. 그러니까 사람이, 또 제가 탄 차가 사람이 많았어요. 제가 조금 뒤쪽에 있었는데, 어떻게 처음에 자리를[에] 앉았는데 자리를 양보하고 양보하다 보니까 제가 뒤로 간 거예요. 근데 겨울에 옷들을 다 두껍게 입으니까 이 통로가 꽉 막혀버린 거예요. 근데 그때부터 가슴이 벌렁벌렁하더라구요. 그래 가지고 잠바 입었는데 앞에 지퍼 내리고, 약간 열어놓고 그리고 신발도 신고 있던 거 약간 발 빼가지고 약간 벗고 이러고 왔어요.

면담자　　　　그러면은 청운동이나 이런 데서 시위 같은 거 할 때 사람들 끼일 때 있잖아요.

준혁 엄마　　　그러니까, 저는 그래서 못 가는 거예요. (면담자 : 너무 힘드실 것 같아요) 네, 그래서 못 가요, 그런 것 때문에. 근데 저기 뭐지, '팩트TV'나 그런 데서 계속 중계를 방송을 했잖아요. 그럼 보면은 서로 대치하고 있으면서 중간에 끼어 있잖아요. 저는 그거 보면서도 제가 막 가슴이 벌렁벌렁해요. 그래서 저는 전혀 그런 데를 못 갔어요. 그[러]니까 시위 현장, 뭐 그런 덴 전혀 못 갔어요, 내가 그런 덴 버텨내질 못하니까.

면담자   그래도 청운동도 가시고 많이 가신 것 같은데요?

준혁 엄마   그거는 낮에 가니까, 그런 충돌 없을 때 가니까, 그렇게 가는 거는 가요. 근데 그 외에, 하다못해 기자회견 요런 거 할 때는 가요. 그런 건 가는데, '충돌이 있을 것 같다' 그럴 때는 갈려고 생각을 못 해요. 남이 보면은 '어, 쟤는 멀쩡한데, 저 엄마 멀쩡한데 왜 안 가?' 이럴 수도 있는데 저는 그런 게 나만의 고민이기 때문에, 내가 그런 게 아픈 거 잖아요. 그[러]니까 나는 그런 델 못 가요.

면담자   아예 안 나오시는 분들도 계시잖아요. 물론 다 사정이 있으시지만, 그래도 어머님은 갈 수 있는 것은 나가겠다고 생각하신 이유가 있을까요?

준혁 엄마   내가 할 수 있는 건 해야 되니까. 정말 내가 가서, 내가 만약에 거기 가서 진짜 심장 벌렁벌렁해서 심장 터지면 내가 해야 될 일을 못 하잖아요, 아직 뭐 아무것도 안 돼 있는데. 그러니까 내가 할 수 있는 만큼은 해야 되겠다. 그래 가지고 교황 오고 그럴 때도 못 갔어요. 거기는 사람이 더 많잖아요. 그래서 저는 그런 데는 아예 갈 생각도 안 하고 갈려고 발도 내딛지도 않아요.

면담자   게다가 준혁이 동생들도 봐줘야 되잖아요?

준혁 엄마   그게 쪼금 핑계예요(웃음). 쪼끔 핑계긴 한데, 그래도 일단 내가 그런 델 가서 버티지를 못하니까 갈 수가 없어요. 그래서 안[간] 게 많죠. 많은 일이 있었잖아요.

면담자   네, 너무 많은 일이 있었죠. 혹시 단원고 교실이라든지 반마다 돌아가면서 하는 분향소 지킴이 같은 것도 하셨나요?

준혁 엄마   그런 건 하죠. 교실, 단원고에 있을 때도 가서 청소도 하고, 우리 반 청소는 했어요. 아침에 출근하면서 아빠한테 "나 여기 내려주라"고 그러면[그래서] 내가 올라가서 청소하고 거기서 버스 타고 또 출근하고 그런 건 내가 할 수 있는 만큼만 했어요, 많이는 못 하고.

면담자   공방 일도 하셨잖아요.

준혁 엄마   그건 제가 좋아서 한 거고….

면담자   원래 뭐 만드는 거 좋아하셨어요?

준혁 엄마   뭐, 좋아하는데 그것도 요새는 안 따라줘서 못 해요. 사실은 우선 퀼트도 계속하고 싶긴 한데 이 손이 말을 안 들어가지고. (면담자 : 손이 왜요?) 뭐, 별로 한 것도 없는데 손목터널증후군 그게 와가지고 뭘 할 수가 없어요. 그래서 뜨개질도 하고 싶고 다 하고 싶은데, 지금 실만 갖다놓고 아무것도 못하고 있어요. 그냥 집에서 밥하고 청소하고 그 정도만 하지, 딴 거는 못하고 있어요.

준혁 엄마 전미향

면담자   5년 동안 굉장히 많은 일이 있었고, 어머님도 많은 활동을 하셨는데, 그런 일들에 관해서 내일 말씀해 주실까요? (준혁 엄마 : 그럴까요?) 혹시 오늘 이야기한 것 중에 추가하고 싶다든가 이런 거 있으세요? (준혁 엄마 : 글쎄요) 그럼 다음 차수에 더 얘기하셔도 괜찮으니까 오늘은 마무리를 할까요?

준혁 엄마   네, 고생하셨어요.

면담자   그럼, 오늘 구술은 여기까지 하고 마치겠습니다. 수고하셨습니다.

2회차

2019년 2월 14일

1
시작 인사말

면담자　　　본 구술증언은 4·16 사건에 대한 참여자들의 경험과 기억을 기록으로 남김으로써 이후 진상 규명 및 역사 기술에 기여하고자 합니다. 지금부터 전미향 씨의 증언을 시작하겠습니다. 오늘은 2019년 2월 14일이며, 장소는 안산시 단원구 4·16기억교실 협의회실입니다. 면담자는 장원아이며, 촬영자는 강재성입니다.

2
2014년의 투쟁활동

면담자　　　4·16 참사 이후에 시간이 꽤 많이 지났잖아요. 그간 가족들이 참 많은 투쟁활동들을 진행해 오셨는데요. 보다 정확한 증언 수집을 위해서 저희가 그간 진행하셨던 활동을 정리를 한 게 있어서, 거기에 따라 2014년의 일들부터 연도순으로 여쭤보려고 해요. 먼저 2014년 5월 달에 처음 가족분들이 모여서 KBS에 항의 방문하셨는데, 이때 참석하셨나요?

준혁 엄마　　　저는 못 갔어요. 못 갔고, 제 기억에 그때 '팩트TV' 거기서 중계를 했던 걸로 기억을 해요. 그래서 저는 그걸로 보고 있었던 것 같애요, 집에서. (면담자 : 집에 계셨어요?) 네, 거기 갈 수가 없어서.

면담자   갈 수가 없으셨던 이유는 무엇인가요?

준혁 엄마   저녁 시간이기도 했고 제가 어제도 말씀드렸듯이 사람 많은 데를 못 가서 갈 수가 없었어요.

면담자   아버님이랑 같이 활동을 나가거나 하시는 편인가요?

준혁 엄마   아니요, 아빠는 전혀 관여를 안 하셨어요.

면담자   각각 어떻게 활동할지에 대해서 얘기 나눈 적은 있으신지요?

준혁 엄마   네. 그니깐 제가 "어디를 가야 된다" 하는 거는 "가라"고 해요. 다 가라고 하는데 대신에 애들이 아직 어린애들이 둘이 있으니까 "애들은 내가 보겠다" 고렇게 해서 서로 할 일을 나눈 거죠.

면담자   네, 분업을 하셨군요. 그러면은 처음으로 '가야겠다'라고 생각하신 게 언제였던 것 같으세요?

준혁 엄마   저는 첫 모임에는 나갔으니까, 그 올림픽기념관. (면담자 : 지난번에 말씀하셨던 첫 모임이요?) 네. 거기부터 나갔으니까 그 이후에는, 그니까 지방으로 가거나 뭐 어디를 가거나 그런 거는 못 했지만 안산에서 하는 거는 다 갔어요, 안산에서 하는 거는.

면담자   5월 달에 국정조사를 요구하는 국회 농성 등이 있었고, 거리 서명이나 전국 버스 투어 같은 일들이 있었는데요. 그런데도 참여가 좀 어려우셨겠네요?

준혁 엄마   네. 저는 어제도 말씀드렸듯이 분향소에서만 했어
요. 분향소에서 피케팅도 했었고 마스크 쓰고 우리 피케팅도 했었
고, 그다음에 조문 오신 분들이[에게] 서명받는 거 그것도 했었고.

면담자   어떤 피케팅이었어요? 내용이 기억나시면 말씀해 주
시겠어요?

준혁 엄마   그 무슨 서명운동, (면담자 : 특별법 제정 1000만 인 서
명운동이요?) 네, 그거였던 것 같아요.

면담자   안산 분향소 앞이 하나의 활동 장소이고, 혹시 안산
시 다른 곳에서도 하셨나요?

준혁 엄마   다른 곳에는 제가 [안 갔어요]. 저는 오전에만 많이 가
있었어요, 오전에만.

면담자   많은 분들을 만나셨을 텐데요. 혹시 기억에 남는 장
면이나 사람이 있으신가요?

준혁 엄마   당시에 안산 배구팀이 있었죠, 남자 배구팀. 그 배구
팀이 우승을 했다고 왔었어요, 트로피를 들고. 그 당시에 [우승한 일
이] 있었어요. 그래서 조문을 오셨더라고요, 그분들이. 그래 가지고
한 번 봤어요.

면담자   트로피는 이후에 어떻게 됐나요?

준혁 엄마   우선 거기에다가 놨던 걸로 기억을 하고요. 그리고
나중에 다시 회수, 그랬던 것 같아요.

면담자　　　선수들이 다들 와서 서명하고 추모하고 그런 거죠? 사람들이 많이 왔죠, 그때.

준혁 엄마　　　네, 다 하고. 많이 왔죠, 그 당시에는 다 줄서서 들어가시고 그랬으니까. 그리고 멀리서도 일부러도 오시고. (면담자 : 학생들도 많았나요?) 학생들도 많았죠. 그[러]니까 어린애들 데리고 손잡고 오는 부모님들도, 젊은 부모님들도 많았고….

면담자　　　혹시 어머님께서 준혁이 동생들이랑 같이 간 적도 있으세요?

준혁 엄마　　　어… 막내, 막내만 데리고 한 번. 그때 그 당시였는지 좀 지나서였는지 모르겠는데, 여기 와스타디움에서 축구 경기가 있었어요. 그래 가지고 그때 그 앞에서 서명전을 했어요. 그때 저희 막내를 데리고 한 번 갔었어요.

면담자　　　네. 서명전을 하면은 보통 가협 쪽 대외협력분과 이런 데에서 배치를 해주나요? 시스템이 어떻게 돌아가는지 조금 궁금한데요.

준혁 엄마　　　몇 군데를 나눠가지고 "누군 어딜 가라, 누군 어딜 가라" 이렇게 딱 정하는 건 아닌 것 같구요. 그냥 (면담자 : 반별로요?) 반별로도 있었고, 반별 아니드래도 좀 자주 어울리는 분 그런 식으로 해서 "우리는 어느 쪽으로 가자", "우리는 어느 쪽으로 가자" 이랬던 것 같아요.

면담자   그런 결정은 보통 카톡[카카오톡]으로 하셨나요?

준혁 엄마   아니요, 모였을 때. (면담자 : 분향소에서 일단 모였을 때요) 일단 다 모여가지고 와스타디움까지 걸어가니깐 걸어가서 거기서 나눴던 것 같아요.

면담자   어머님은 주로 어느 분들과 함께 하셨어요? (준혁 엄마 : 저는 4반) 4반 멤버는 그날그날 바뀌고 그랬나요?

준혁 엄마   근데 저희 4반도 나오시는 분들만 좀 많이 나오시니까. 엄마들도 그렇게 활동을 많이 안 하니까 저희도 희생자는 28명이지만, 활동하는 엄마들은 10명 미만인 것 같아요. (면담자 : 지금요?) 지금, 그 당시에도 그랬던 것 같아요. (면담자 : 2014년에도요?) 그때도 나왔다 안 나왔다, 나왔다 안 나왔다 좀 그랬던 것 같아요.

면담자   안 나오는 분들에 대한 서운함이라든가 이런 건 없으셨나요?

준혁 엄마   "나오라"고 전화들도 많이 했죠. 그 당시에 반 대표가 아빠분이었고, 휘범이 엄마가 부대표였으니까 아마 전화 많이 했을 거예요.

면담자   전화는 주로 대표분이 하시는 건가요?

준혁 엄마   거의 그렇죠. 휘범이 엄마가 많이 했죠. 그래도 남자분이 전화하는 것보다 여자분이 전화하는 게 대화하기가 좀 더 나으니까 그랬을 것 같아요. 그리고 밴드에 공지를 하니까. 밴드에

"오늘 뭐가 있으니까 나와달라" 그렇게 밴드를 하면은[에 올리면] 거기에 댓글을 죽 달아요. "참석합니다", "못 합니다" 이런 식으로. 그래 가지고 너무 인원이 없으면은 "좀 와주시라" 이런 식으로 했던 것 같애요.

면담자　　　2014년 여름에, 7월 15일에 서명지를 들고 국회에 청원하러 가시는 일이 있었는데, 혹시 같이 가셨나요? 가셨다면 뭘 하셨나요?

준혁 엄마　　　갔던 것 같은데. 네, 들고 갔던 것 같은데요.

면담자　　　혹시 기억에 남는 장면 같은 거 있으세요?

준혁 엄마　　　그때 우리 ○○이가 갔었던 거였나? 저희 아이 말고 슬라바 동생, 슬라바 동생이 그때 7살인가 그랬어요. 네, 근데 그 아이가 제일 앞에 서가지고 그거 서명지 박스, 박스였던 것 같은데 그거를 들었던 것 같애요. (면담자 : 대열의 맨 앞에 서서 했나 보네요) 네. 그래 가지고 ○○이가 그걸 들었던 것 같은 기억이 있어요.

면담자　　　누가 시켰나요, 아니면 본인이 자기가 들겠다고 한 거예요?

준혁 엄마　　　○○이가 말이 별로 없어요. 말이 별로 없는데 그래도 시키면은 다 해요(웃음). 그래서 자의 반 타의 반 그랬던 것 같애요.

면담자　　　그때 주로 집회, 농성 같은 거 있고 했는데 안산 바

갚에서 있던 것이니까 그건 참석 안 하시고, 주로 분향소를 지키시면서 계셨다고 하셨잖아요? 그때 분향소에는 아침부터 나가셨던 건가요?

준혁 엄마   네, 일단 아침에 가죠, 출근할 때. (면담자 : 준혁이 동생들 다 보내놓고요?) 보내놓고, 아빠 출근할 때 아빠보고 "태워서 분향소 입구에 내려주라" 그러죠. 그러면 저 내려주고 아빠는 출근하고, 저는 분향소 가서 청소 같이 할 때도 있고, 나오시는 분들 청소를 하니까 같이 쓰레기통도 비우고 테이블 탁자도 좀 닦고 이렇게 하고선 다 청소하고, 그러고 나서 서명지 들고 서명대로 가죠. 가가지고 조문, 그 당시에는 아침 일찍도 조문들 하러 많이 오셨으니까 출근, 저처럼 출근하면서 들르는 분도 있고 막 그래 놓으니까 아침 일찍부터 했던 것 같애요, 제가 보통 8시 반 정도[에는 갔으니까.

면담자   부모님들 말고 안산시에서나 계속 상주하는 분들이라든가 직원들도 혹시 있었나요?

준혁 엄마   있었겠죠? 저는 잘 몰라서, 누가 누군지 잘 몰라서.

면담자   분향소에서 주로 어떤 분들을 뵀었나요?

준혁 엄마   글쎄요. 가면은 아빠들도 많이 계셨고, 그리고 그 당시에는 분향소가 있었기 때문에 거기에서 아빠들이 주무셨어요, 분향소에서. 분향소에서 주무셔 가지고.

면담자   왜 집에 안 들어가시고 거기서 주무셨나요?

준혁 엄마   그 당시에는 이렇게 조금 나쁜 마음먹고 와가지고 자꾸 시비 거는 분들이 많았잖아요. 그래 가지고 아빠들이 애들도 사진도 다 있고 하니까 애들 지킨다고 거기서 많이 주무셨어요. 그래 가지고 가면은 아침에 아빠들 계셨어요, 밤에 주무셨으니까. 그리고 엄마들은 한두 명 오면은 같이 청소하고 그랬죠.

면담자   아침마다 어머님이 분향소로 향하셨던 이유는 어떤 거였어요?

준혁 엄마   그 당시에 제가 할 수 있는 일이 없었어요. 할 수 있는 일이 전혀 없기 때문에 그것도 안 하면은 제가 모든 걸 손을 놔버려야 될 것 같은 그런 느낌이 들어가지고 그래도 거기라도 가 있자 하고 갔죠.

면담자   집에 있으면 마음이 좀 답답하고요?

준혁 엄마   그럼요. 그래서 애 아빠도 처음에는 "집에 있지 말고 출근이래도 하자. 가서 아무것도 안 해도 되니까 그래도 옆이[에]라도 좀 앉아 있자" 그래 가지고 나갔죠, 처음에는(울음).

면담자   2014년에 간담회도 있고 안산의 다른 지역에서 피케팅도 있었다고 하는데 그거는 혹시 참여하셨어요?

준혁 엄마   저는 (면담자 : 분향소 앞을 지키는 것만 하셨다고 하셨죠?) 그거 말고는 안 가봤어요.

면담자   혹시 재판이나 청문회 가셨어요?

준혁 엄마   그런 거 갔죠. 재판, 청문회 다 갔죠.

면담자   광주에서 열린 재판이요?

준혁 엄마   광주 처음에 재판할 때 갔어요. 제일 처음에 재판할 때 그때 갔었고.

면담자   그때 기억에 남는 장면 있으세요?

준혁 엄마   울었던 기억밖에 없는데(웃음). 속상하니까 다 [재판 정에] 앉아가지고 증인으로 나왔던 사람들 막 욕하면서 부모님들이 랑 막 그랬던 거. 그리고 그때 갔을 때 아마 수현이, 저희 반 수현 이 가방이 나왔다고 했나? 그 연락을 받았던 것 같애요. 재판하러, 재판 간 그날 고 연락받았던 기억 있어요.

면담자   어머님이 직접 연락을 받으셨나요?

준혁 엄마   아니요, 제가 아니고. 수현이 어머니[가] 같이 가셨는 데 그 언니가, 수현이 어머니가 갑자기 막 당황해하면서 우시더라 고요. 그래서 "왜 그러냐" 그랬더니 "수현이 가방이 나왔다"고 그랬 던 것 같애요. 그러고는 뭐, 지금 재판 같은 것도 몇 번을 가놓으니 까 이렇게 막 짬뽕이 돼요. 그래서 이게 그때 얘긴지, 언제 얘긴지 기억이 잘 안 나요(웃음). 막 섞여 있어가지고 우리가 살면서 재판 정에 가볼 일이 솔직히 어디 있어요. 그니까 근데 좀 여러 번 갔던 것 같애요, 재판정에도.

면담자   광주에는 그때 한 번 가신 건가요?

준혁 엄마   광주를 두 번 갔던 것 같애요. (면담자 : 광주법원이요?) 네, 두 번 갔던 것 같애요.

면담자   특조위[4·16세월호참사 특별조사위원회] 청문회에도 가셨나요?

준혁 엄마   청문회…, 처음에는 못 갔고 두 번째에 갔던 것 같애요.

면담자   어디서 열렸던 청문회에 가셨을까요?

준혁 엄마   그게, 맨날 차로 가니까(웃음).

면담자   보통 분향소에서 버스를 타고 가시는 거죠?

준혁 엄마   네. 출발을 해가지고 [버스 타고] 가는 거니까 어딘지 기억은 잘 안 나요, 사실은.

면담자   청문회 관련해서 기억에 남는 게 있으신지요?

준혁 엄마   글쎄요(침묵). (면담자 : 없으시면 괜찮아요) 없어요, 많은 게 있으니까. (면담자 : 많은 일이 겹쳤어서요?) 딱히 뭐 이렇다 저렇다 [할 건 없는 것 같애요.

면담자   네, 알겠습니다. 혹시 도보 행진이라든가, 세종시에 항의 방문했을 때도 참석하셨나요?

준혁 엄마   세종시는 못 갔구요, 도보는 두 번 했어요. 아냐, 세번 했나? (면담자 : 언제 어떤 도보요?) 처음에 했던 거는 광화문까지

가는, 여기서부터 광명 거쳐서 도보 한 번 했고요. 그니까 서울까지는 못 갔어요. 제가 다리가 안 좋아 가지고 광명까지밖에 못 갔고, (면담자 : 2014년이죠?) 그랬던 것 같아요.

면담자   100일 그때, 7월 23일에 특별법 제정을 촉구하는 행진이었죠?

준혁 엄마   네, 그랬던 것 같애요. 그거 갔고, 그다음에 또 있었는데….

면담자   그리고 도보 행진이 2015년 겨울에 있었어요.

준혁 엄마   팽목 갔던 거? (면담자 : 네, 맞아요) 그때는 그거는[팽목에 가는 것은] 못 했고요. 그때도 이렇게 반별로 나눴어요. 날짜가 길기 때문에 며칠부터 며칠, 하루는 몇 반 하루는 몇 반 이런 식으로 나눴을 때 4반 [담당일] 때 도보를 했어요. 그때가 아산이었나, 천안이었나 그랬던 것 같아요, 도보했던 데가.

면담자   그때 겨울이라 추우셨겠어요.

준혁 엄마   겨울이었나요, 나는 기억도 안 나네. 겨울이었나 봐요.

면담자   그리고 또 광화문까지 도보 행진한 적이 있으세요?

준혁 엄마   한 번 더 있어요. (면담자 : 봄에요?) 네. 그때도 광명까지만 갔어요.

면담자   도보 행진 사실 힘들잖아요. 어떻게 참여하겠다고 결정하셨어요?

준혁 엄마   네. 그래도 '우리 애 위해서는 한 번쯤은 해야 되겠다'. 자신은, 솔직히 자신은 없었어요. 걷는 거를 그렇게 좋아라 하는 것도 아니고 또 많이 [걸어야 하고], 내가 다리가 별로 안 좋아서 걷는 건 별로 안 좋아하는데, 그래도 '어떻게 가면은 가지겠지' 하고 갔죠.

면담자   그때 사진을 들고 가셨나요?

준혁 엄마   그때 우리 상복 입고 앞에 사진 들고 처음에는 그렇게 갔다가, 저희는 사진을 어느 순간에[부터] 안 들었던 것 같은데.

면담자   네, 드셨던 적도 있고 안 드셨던 적도 있는 것 같아요. 아버님은 행진 참석 안 하신 거죠?

준혁 엄마   네, 저만 했어요.

면담자   혹시 누가 같이 가자고 권유를 한다든가, 그런 분들도 있었나요?

준혁 엄마   근데 그거는 권유를 하고 안 하고가 문제가 아니고, 제가 자발적으로 해야 되는 거라서 저는 그냥 "간다" 했어요.

면담자   도보 행진하시면서 특별히 기억나는 장면이나 경험 같은 거 있으셨어요?

준혁 엄마   도보하고 가면은 차 클랙슨 누르는 분들이 있었어요. '왜 이거 하[냬', '시끄럽다', '길 비켜라' 이런 의도로 하는 분들도 계셨고, 아니면은 "힘내라"고 박수 쳐주시는 분들도 계셨고 고런 거 기억났던[나는] 거 같아요, 가는 동안에. 그리고 그 당시에는 차에 리본 붙이신 분들도 많았잖아요. 보면은, 이렇게 지나가면은 리본 붙이신 분들은 차[를] 옆에 조금 천천히 [몰고] 가면서 "고생하신다"고 그러고 가시고 그랬던 것 같아요.

면담자   클랙슨 울리고 그러면은 굉장히 마음이 아프셨을 거 같아요.

준혁 엄마   다들 한마디씩 하죠, 우리들이. "가다가 타이어 빵꾸[펑크] 나라" 막 이러고(웃음). 그랬죠, 우리는.

면담자   같이 격려해 주면서 얘기 나누면서 가시는군요.

준혁 엄마   네, 그러고 가죠. 다리만 괜찮았으면 쭉 갔을 텐데 너무 다리가 아프니까 갈 수가 없드라고요. 저는 다리가 무릎이 안 좋아서 못 가는 거예요, 무릎이 안 좋아서. 무릎이 어느 정도 걸어가면은 뒤에부터 이렇게 쫙 저려오기 때문에 갈 수가 없겠더라고요. 근데도 광명 두 번째 갔을 때는 9시 넘어서 도착했던 것 같아요, 광명까지. 그죠, 모르시나? (면담자 : 늦게 도착하셨네요) 네, 굉장히 늦었던 것 같아요. 처음에 우리[가] 광명 갔을 때는 좀 가까운 광명이었거든요. 안산에서 좀 가까운 광명이었는데, 두 번째 광명 갔을 때는 아주 먼 광명이었어요. 그래 가지고 훨씬 더 많이 걸어갔어요. 그래 가지고 되게 힘들었던 것 같아요.

면담자　　　　그때 기분이나 느꼈던 감정을 말씀해 주시겠어요?

준혁 엄마　　　(한숨) 처음에 걸어갔을 때는 '아유, 내가 그래도' 아니, 내가 그래도가 아니구나. 처음에 갔을 때는 '이만큼밖에 못 걸었다' 그런 거였고, 두 번째 갔을 때는 좀 더 걸었으면 했는데 좀 더 걸었으면 했는데 '이만큼밖에 안 돼서 좀 아쉽다'[였어요]. 처음 한 번은 걸어봤기 때문에 두 번째는 제가 좀 마음가짐을 다르게 하고 갔거든요. 좀 더 잘할 수 있겠다 하고 갔는데, 그래도 역시나 딱 고만큼이 제 한계였던 거예요. 그래서 조금만 더 갈 수 있으면 좋았겠는데, 저는 서울까지는 가고 싶었거든요, 사실은. 근데 정말 자신이 없드라고요.

면담자　　　　두 번째 걸었을 때도 광명에 밤늦게 도착하셨구요?

준혁 엄마　　　그래서 아빠가 데리러 왔어요. 거기서 잠을 못 자고 (웃으며) 제가 [애 아빠에게] "오라" 그랬죠. 더 못 가니까 제가 "전화를 한다" 그랬거든요. "만약 여기서 자게 되면은 오지 말고 저기 하면은[집에 돌아가게 되면은] 와라" 그랬더니 데리러 왔더라구요.

면담자　　　　그 후에 가족분들이 계속 경찰과 충돌한다든가 이런 일들이 있었잖아요. 그런 소식 들으시면 어떠셨어요?

준혁 엄마　　　걱정, 걱정하죠. 제가 직접적으로 잘 알고 그러지는 않잖아요. 그냥 어느 집 누구 아버님이다, 어머님이다 이 정도만 알지. 근데 페이스북, 에스엔에스(SNS)에 많이 올라오니까 그거 보면은 "어느 아빠가 연행됐다드라" 그런 게 막 올라오니까, 그런 거 보면서 집에서 있는 사람들도 결국 편하지는 않아요. 가야 되는데 내가 못 갔으니까 거기를, 못 가고 있으니까 계속 핸드폰 들고 있는 거예요, 핸드폰 들고. 그리고 만약에 출근을 했으면은 컴퓨터로 인터넷 틀어놓고 '팩트TV' 같은 거 틀어놓고 계속 보고 있고, 그러죠. 마음이 결코 편하지는 않아요, 안 갔다고 해서….

면담자   페이스북은 원래 하셨어요?

준혁 엄마   아뇨, 안 했어요. 이 일로 인해서 여기저기 다 그런 걸 한다 하니까 했죠.

면담자   페북에 응원해 주는 분도 있지만, 그렇지 않은 분들도 있잖아요. 그런 것 때문에 마음 상하거나 한 적은 없으셨는지요?

준혁 엄마   뭐 아직까지는, 아직까지. 그리고 페이스북 같은 게 친구를 하는데 전혀 모르는 사람은[과는] 안 하거든요. 그러니까 저희한테 호의적인 사람들만 친구를 맺기 때문에 아직까지는 그렇게 나쁜 사람은, 나쁜 분들은 없었던 것 같아요.

면담자   페이스북은 지금도 계속하시는 거죠?

준혁 엄마   네, 그냥 눈팅만 하는 거죠. 제가 글을 올리거나 그런 거는 아니고 공유할 거 있으면 공유하고, 그리고 다른 분들[이 써서] 올라온 거 보고.

면담자   그렇군요. 동거차도 감시단 활동 같은 것도 시작이 되면서 반별로, 주로 아버님들 가시고 그랬다고 하던데, 혹시 어머님께서도 내려가셨는지요? (준혁 엄마 : 못 갔어요) 네, 혹시 팽목이나 목포는 그 이후에 가셨나요?

준혁 엄마　　　팽목은… 그 침몰 지점 가느라고 갔었구요, 배 타고 들어가는 거.

면담자　　　그건 언제 일이에요?

준혁 엄마　　　그게 벌써 몇 년 전이지, 그거 한 3년 됐나요? 3년 된 것 같은데, 2년 됐나, 3년 됐나? (면담자 : 인양하기 전이죠?) 네, 훨씬 전 그때 갔고. 그리고 목포는 "저희 아이 지갑 나왔다" 그래서 한 번 갔고. 인양, 그러니까 직립할 때 갔고. 세 번 간 것 같은데, 또 한 번은 언제 갔는지 기억이 없네요.

면담자　　　침몰 지점에 배 타고 들어간 거는 어떤 일로 갔는지 기억나시나요?

준혁 엄마　　　기억이 안 나요.

면담자　　　기억나시는 대로 말씀해 주시면 됩니다.

준혁 엄마　　　기억이 안 나요, 그때 왜 갔죠?

면담자　　　부모님들이 많이 가셨어요? (준혁 엄마 : 네) 가협에서 주최한 거죠?

준혁 엄마　　　갔는데, 그때 2주기였나? 2주기 앞이었나 그랬던 것 같은데요. 1주기 앞이었나, 2주기 앞이었나, 그랬던 것 같애요. 날이 그렇게 춥지는 않았었거든요. 그래서 배 타고 들어가서 거기 바다에서 꽃 던지고 그랬던 것 같애요. 네, 그랬어요.

면담자   그때 어떻게 가기로 결정하셨어요?

준혁 엄마   개인적으로는 가기가 정말 힘든 자리라서 '이런 기회가 있을 때 갔다 오는 게 맞다'[고] 생각을 했어요, 정말 가기 힘든데라. 근데 저는 갔는데 바다가 그렇게 무서운 덴 줄 몰랐어요. 배를 탔는데 멀미들도 하고 막 그러니까 누워 있는 분들도 있고 앉아 있는 분들도 있었는데, 제가 배에 앉아가지고 이렇게 기대고 있는데 제가 앉은 자리에서 이 바다가 저보다 위에 있는 게 보이는 거예요. 그 배가 출렁출렁하니까 바다가 저보다 이렇게 위에 있는 게 딱 보이는 거예요. 그래서 그거 보고선 '바다가 정말 무섭다' 생각하고 '애들 정말 무서웠겠다' 그 생각이 들드라구요(울음).

면담자   (한숨) 네. 그럼에도 불구하고 가족분들이 꽃을 가지고 가셨다는 게 마음이 아프네요.

준혁 엄마   그러니까요.

2015년 교실 관련한 이슈와 투쟁

면담자   2015년에 교실 관련해서 이슈들이 (준혁 엄마 : 네, 2015년에 많았죠) 많이 나오잖아요. 교실은 자주 가셨나요?

준혁 엄마   네. 청소하러, 반 청소하러 자주 갔어요. 그것도 아침에 출근하면서 아빠한테 "나 학교 앞에 내려주라"고 그러면 혼자 올라가서 저희 반 책상, 애들 책상 다 닦아주고. 뒤에도 닦고 바닥도 지저분하면 쓸기도 하고, 그러고서 사진 찍어서 "청소하고 간다"고 밴드에 저희 반 밴드에 올리고 그랬어요. 청소하러는 자주 갔었던 것 같아요.

면담자   교실 관련해 가지고 여러 가지 의견들이 나왔잖아요.

준혁 엄마   찬성이냐 반대냐?

면담자   그런 것도 있고, 재학생 학부모라든가 학교의 입장이라든가요. (준혁 엄마 : 충돌이 많았죠) 그때 어떤 충돌이 있었는지 기억나시는 게 있나요?

준혁 엄마   교실을 빼자, 말자 그런 충돌이었고, 그다음에 그 교실에서, 교실 뺄 때였나? 그 재학생 부모님들, 아니야 생존자 부모님이었나?

면담자   학교에 다니고 있는 생존 학생 부모님이요?

준혁 엄마   네. 자기 자식 "책상은 뺀다"고, 교실에 있는 "책상은 뺄 거"라고 그래서 충돌도 있었던 걸로 알아요.

면담자   마음이 아프셨겠어요, 그때. 동생분이 또 학교 단원고에. (준혁 엄마 : 네, 지금 다니고 있어요) 그때 다니고 있었던 거죠, 2015년에?

준혁 엄마   아니에요. 17년에 들어갔죠. (면담자 : 2017년에요?) 네. 17년에, 지금 3학년이니까. 이제 3학년 올라가니까, 네.

면담자   교실을 지키는데 갑자기 불시에 "뺄 거다" 이런 얘기 해가지고 부모님들이 막 지키러 가시고 (준혁 엄마 : 네, 밤에) 막아 내고 그러셨는데 그때 혹시 기억나세요?

준혁 엄마   갔었나? 밤에는 잠깐 갔던 것 같고요. 그리고 밝을 때 가서 있었던 것 같아요. 그 1층에 앉아 있었던 것 같아요.

면담자   어떤 장면을 보셨어요?

준혁 엄마   그때, 저 갔을 때(한숨) 누구지? 교장선생님? 교장선생님도 오셨던 것 같고 그다음에 교육감도 왔었던 것 같고, 기자들은 항상 있었고, 그랬던 걸로 기억을 해요. 근데 그것도 지금 짬뽕이에요. 기억이 왔다 갔다 해요. 그때가 [교실을] 뺀다고 [했을 땐지], 그게 애들 제적처리 했을 때 그때였던 건지. (면담자 : 2016년에요?) 네. 그때였는지 아니면은 애들 교실 뺀다고 해가지고 밖에서 농성할 때 그때였는지 지금 확실치 않아요, 기억이. 하지만 가기는 갔는데 언젠지 기억을 못 하겠어요.

면담자   자주 가서 청소도 하고 혼자서도 많이 가셨던 거잖아요.

준혁 엄마   네, 청소하러는 혼자 많이 갔던 것 같애요. 혼자 좀 자주 갔죠. 많이는 아니고 그래도 다른 부모님들보다는 쪼끔 더 갔던 것 같애요.

면담자   왜 그러셨는지 여쭤봐도 될까요?

준혁 엄마   그냥 가고 싶었어요. 보면은 애들 발인할 때 학교도 거쳐서 갔다고들 하드라고요. 근데 저희는 안 그랬거든요. 그래서 우리 애 사물도 나중에 가서 찾아왔어요. 교실을 한 번도 안 가봤기 때문에 나중에 가서 받아오고, 그리고 나서부터 좀 자주 갔던 것 같애요, 교실에. (4·16 관련 활동 목록이 적힌 구술 질문지를 보면서) 그렇게 많은 일이 있었어요?(웃음).

면담자   (웃으며) 교실과 관련해서 또 특별히 학교와 관련해서 기억나는 장면이나 힘들거나 가슴 아팠던, 혹은 좋았던 경험이 있으셨나요?

준혁 엄마   이게 참 가슴 아프면 가슴 아픈 건데, 우리 부모님들이 자식들 학교 가서 책상 닦아주고 그럴 일이 솔직히 없잖아요. 그죠, 없죠? 근데 이거를 했다는 거에 너무 가슴 아파요. 가서 애들 책상 닦아주고, 그리고 어느 학교에 애들 사진이 있겠어요. 근데 우리 애들 교실 오면은 다 사진이 있고, 그게 너무 가슴 아프죠. 그니깐 살면서 경험하지 못한 거를 너무 많이 경험을 하니까, 그게 속상하고 안타깝고 마음 아프고 그러네요.

면담자   교실에 온 방문객들도 되게 많았었잖아요. (준혁 엄마 : 예전엔 많았죠) 저도 단원고 방문하는 팀에 껴서 가고 했었는데 그런 방문객과 마주친 적이 있으신가요?

준혁 엄마   저는 일찍 가기 때문에 거의 없었죠. 네, 거의 없었죠. 그리고 제가 갈 때는 애들이 거의 등교하고 난 다음이니까, 애들이 보통 9시면, 9시 전에 학교 등교를 다 하잖아요. 그러면 애들 들어간 다음에 제가 올라가니깐, 애들이랑 별로 마주칠 일도 없었던 것 같애요, 재학생 애들이랑. 그리고 [외부인] 학교 방문은 보통 주말에 많이 왔던 것 같애요. 평일에는 애들이 있기 때문에, 재학생들이 있기 때문에 못 가고 주말에 많이 가죠. 그런데 저는 주말에 갈 일이 별로 없었으니까.

면담자   학교로 물품이나 편지가 온다든가, 책상에 남겨놓고 간다든가 한 것 중에 혹시 기억에 남는 게 있으세요?

준혁 엄마   네, 많이 올라가 있죠. 우리 막내 담임선생님이 편지도 써놓고 가시고, "왔다 갔다"고 편지 써놓으시고, "잊지 않겠다"고 해주고 가시고. 그 선생님이 우리 막내를 좀 많이 데리고 다니셨어요. 학교 다닐 [때], 초등학교 때 너무 어리니까 신경을 많이 써주셨던 것 같드라고요. 그래 가지고 선생님이 몇 번 오셨던 것 같드라고요, 메모를 보면. 그리고 친구들 왔다 가는 거, 생존 친구도 있지만 같은 학교 아니고 다른 학교로 간 친구들도 있잖아요. 그 친구들 왔다가 가면서 사진 놓고 가고 그런 거.

면담자   막내 담임선생님이시면 준혁이와는 알고 지낸 사이가 아니신 건가요?

준혁 엄마   네, 그렇죠. 전혀 모르시죠.

면담자   전혀 모르는 사이였더라도 "많이 기억하겠다"고 적어놓고 가주시는 거에 대해 어떤 생각이 드셨어요?

준혁 엄마   감사하죠. 어, 감사하죠. 정말 그냥 지나칠 수 있는 일이잖아요. 지나칠 수도 있는 일이라고 생각을 하면은 지나칠 수도 있겠다 싶은데 그래도 일부러래도 이렇게 찾아와 주시니까 너무 감사하죠.

면담자   교실 관련해서는 사실 계속 이슈들이 있었는데 학교에서 제적처리 한 거를 알게 됐고, 아까 농성한 거랑 겹쳤다고 말씀하셨는데 농성을 어떻게 하게 되었는지 기억나세요?

준혁 엄마   제적처리는 어느 부모님이 학적부를 떼어보다가 그게 발견이 된 거잖아요. 그래 가지고 그날부터 농성이 있었던 것 같은데요, 그날부터. 그날이 아마 이 교실 존치 때문에 농성이 있었던 것 같아요. 거기 있는 김에 그냥 한번 학적부나 떼어보자 하고 갔는데 그렇게 제적으로 처리가 돼버렸으니까, 그거랑 같이 농성이 된 것 같애요. 교실 존치랑 제적 그거랑 같이.

면담자   그때 학교에 가셨나요?

준혁 엄마   첫날은 아니었던 것 같애요. 두 번째 날인 것 같애요. 두 번째 날 갔던 것 같애요. 그[러]니깐 계속 있지는 못해도 잠깐이래도 갔다는 왔던 것 같애요. 가면 1층에 앉아 있으니까, 안으로는 못 들어가고 아래층 1층에 [건물] 밖에 앉아 있으니까. 이제는 부모님들이 완전 전투적이잖아요, 모든 일에 전투적이니까. "농성 있다" 그러면은 만반의 준비를 하고들 오시니까, 제가 늦게 가기도 하지만 가면은 벌써, 딱 그 준비 태세가 딱 돼 있어요. 바닥부터 해가지고 다 깔려 있어요. 그리고 담요 그리고 옆에는 물 가득, 뭐 이런 식으로 딱 돼 있어요. 참 안타까운 일인데 그렇게 돼 있더라구요.

면담자   예전에는 집회라든가, 시위라든가 안 해보셨죠?

준혁 엄마   전혀 안 해봤죠. 저는 아주 평범한 사람이라서 전혀 안 해봤어요. 사람 많은 데 가는 것도 무섭고 그래서 전혀 그런 걸 안 해봤는데….

면담자   이런 변화된 삶에 대해서 어떤 마음이었는지 얘기해 주실 수 있으세요?

준혁 엄마   (한숨) 저는 살면서 욕도 잘 안 하고 사는 사람 중에 하난데, 그래서 욕을 많이 알지를 못해요. 뭐 기집애, 새끼 요 정도 밖에 모르는데, 이 일 이후로는 그것보다 상상 이상의 많은 욕들을 접해봐서 이제는 그 욕을 좀 많이 알아요. 내가 뱉어내지는 않는데 욕을 많이 알아간 것 같고(웃음). 정말 저는 욕을 안 하고 살았거든요. 애들 키울 때도 욕 안 하고 키웠거든요. 근데 욕을 많이 알게 됐어요. 진짜 듣도 보도 못한 욕들도 많드라고요. 이런 일이 있고 나니까. 그리고… 저한테 질문을 뭐 하셨죠?

면담자   그러니까 집회 같은 거 안 하시다가 이렇게 전투태세를 갖추는 그런 변화를 보면서 어머님도 변화하신 게 있는지에 대해서 여쭤봤어요.

준혁 엄마   아, 그거 여쭤보신 거죠. (면담자 : 네) 욕 많이 늘었고 (웃음).

면담자   욕을 많이 들으셔서 그런 건가요?

준혁 엄마   아니요. (면담자 : 욕을 하셨다는 거예요?) 누군가가, 아니 아니. 저희 부모님들이 누군가가 지나가면서 이랬다저랬다하면은 그분은 한마디지만 부모님들은 많잖아요. 그니까 한마디씩 다 하면은 그게 엄청나거든요. 거기 속에서 제가 들어보지도 못한 욕도 나오고 많이 들었던 욕도 나오고, 막 그러죠.

면담자   어머님이 들었다는 건 줄 알고 깜짝 놀랐어요, 다행이네요.

준혁 엄마   아, 제가 들은 건 아니고, 그런 것도 있고 하여튼간 이런 집회 그런 거 하면은 제가 못 가서도 마음도[이] 불편하지만,

이 부모님들[이 욕하고] 그러고 있는 거 보면은 너무 마음 아파요. 항상 마음 아파요, 안 아플 수가 없어요.

면담자   참사 전부터 쭉 알고 계시던 학부모분들도 계신 건 가요?

준혁 엄마   아뇨, 전혀 없어요. (면담자 : 다 새로 만난 분들인가요?) 네, 전혀 없어요. 그래 가지고 처음에 일 터지고 나서 반 모임이라고 딱 갔을 때 정말 어색했거든요. 어제 말씀드렸지만 우리 아이는 일찍 나왔기 때문에 그 부모님들이랑 만날, 어울릴 수 있는 그런 게 전혀 없었기 때문에 되게 어색했어요. 근데 이제 좀 지나고 나니까 자꾸 한 하루하루 거의 매일 보다시피 해놓으니까 그다음부터 조금 친해진 거죠. 또 어머님들이 나이대들이 엇비슷해요. 그[러]니까 보통 첫째, 첫째가 좀 많았던 것 같애요. 첫째가 좀 많았던 것 같고. 하긴 뭐 첫째 아니면 둘째, 요 정도니까. 그러니까 나이대도 엇비슷해요. 위아래로 한 3살, 4살 고 정도니까 비슷비슷했던 것 같애요(한숨)(웃음).

면담자   (웃으며) 제적처리 관련해서 그때 단원고 학교 측에서 너무 무신경하게 처리한 거잖아요. (준혁 엄마 : 그럼요) 그런 일들이 있었고, 사실 병무청에서 징병검사 통지서도 보냈었죠?

준혁 엄마   왔어요, 왔어요. 저는 이사를 갔잖아요. 어제, 이사를 갔다 그랬잖아요. 근데 원래 살던 집에 저희 옆집 동생이 있어요. 오래 살아서 그 동생이랑 친한데 "언니, 우편물이 왔다"고 전화가 온 거예요. 그래 가지고 "무슨 우편물?" 그랬더니 준혁이 앞으로 왔대요. 그래서 "뭔데?" 그랬더니 카톡으로 사진을 찍어가지고 보내는데 그거더라구요. 그래 가지고 그 주, 주말인가 얘가 그걸 들고 왔더라구요, 이런 게 왔다고. (면담자 : 놀라셨겠어요?) 네. 그[러]니깐 이 나라가 문제였죠. 그 당시에는 행정 처리하는 게 너무 허술했어요, 정말 허술했어. 97년, 98년생 애들 쪼끔만, 그것도 안산 애들만, 관심만 쪼끔 가지면은 충분히 알 수 있는 일인데 그런 거 전혀 신경을 안 썼다는 얘기잖아요. 그[러]니까 그것도 왔었고, 또 건강검진 받으라고 이번에 또 왔드라고요.

면담자   그거는 최근이죠? (준혁 엄마 : 네) 만 20살이 되면 오는 거죠?

준혁 엄마   네, 최근에 왔어요. 어이가 없드라고요. 불과 얼마 [전에] 그것 때문에, 한번 병무청 그것 때문에 분명히 얘기를 했을 텐데 이게 뭔가가 또 넘어가질 않았단 얘기잖아요, 그 의료보험조합이나 그런 데로. 그니깐 이 행정이 너무 허술해요, 너무 허술해. (면담자 : 그것도 예전 주소로 왔나요?) 아니요, 그건 지금 주소로 왔더라구요. 그[러]니까 너무 이해를 할 수가 없어요. 하다못해 애들 주민등록번호 있으면 거기에다가 점을 하나만 찍어놔도 충분히 구분, 분리를 할 수가 있었을 텐데, 그거 하나조차도 안 했단 이야기잖아요. 참, 답답해요. 내가 했으면 그렇게 안 했을 텐데. 신경을 쪼끔만 쓰면은 참 좋았을 텐데.

준혁 엄마 전미향

면담자   기억교실 관련해서 여쭤보고 싶은 게 교실을 옮기게 된 과정인데요. 어떻게 진행되었나요? (준혁 엄마 : 옮기는 과정?) 네, 직접 하신 분들도 있었죠?

준혁 엄마   있어요. 그리고 거기 시민 자봉[자원봉사자]도 있었고, 저는 자원봉사자분들이 옮겼던 것 [같아요]. 옮겼어요. 제가 도저히 할 수가 없더라구요. 그래 가지고 그냥 옮기는 거만 봤죠, 밖에서. 반별로 쭉쭉 나오기 때문에 그냥 밖에서 우리 애 거 가지고 나올 때 뒤에서 사진만 한 장 찍고, 그렇게 봤어요.

면담자   옮겨간 교실에도 그 전과 마찬가지로 들르셨어요?

준혁 엄마   네. 근데 저 학교만큼은 안 가죠. 학교만큼은 안 가고, 그래도 지금까지 한 10번 왔을라나… (면담자 : 그럼 많이 오셨네요) [좀] 온 거죠. 많이 온 거 아니에요.

면담자   부모님에 따라서 다 다를 것 같긴 하지만, 많이 오신 것 같네요.

준혁 엄마   네, 그래도 좀 온 거 같애요.

면담자   여기[안산교육지원청 본관]로 또 옮겨온 거잖아요.

준혁 엄마   네, 그렇죠. 여기도 지금 한 세 번 왔나, 네 번 왔나, 이쪽으로?

면담자   여기로는 언제 옮겨온 거에요?

준혁 엄마   1년 안 된 것 같애요. 네, 1년 안 됐어요.

면담자   제가 잘 몰라서 그런데 그 전에 있었던 데에서 왜 다시 여기로 옮긴 거죠?

준혁 엄마   아, 일[이리]로? 저기[안산교육지원청 별관]를 공사를 한다고 들었어요. 네, 공사를 한다고 그래서 일[이리]로 옮긴 걸로 알아요.

면담자   그러면 여기서는 계속 있는 건가요?

준혁 엄마   다시 절[저리]로 옮긴다는 것 같애요.

면담자   처음 원래 있었던 곳으로요?

준혁 엄마   네. 근데 확실친 않아요. 뭐 밴드에 올라왔었던 것 같은데 기억이 없어요, 어떻게 한다는지. 그리고 보통 말이 길잖아요, 밴드에 올라온 말이. 예를 들어서 (면담자 : 다 읽기 힘들죠) 다 안 읽어요(웃음). 그래서 기억을 못 해요. 그 젤[제일] 위에 타이틀만 이렇게 읽고 마니까, 기억을 못 해요.

면담자   제가 교실 갔던 것들이 기억저장소에서 진행하는 '기억과 약속의 길' 프로그램으로 갔던 거였는데요, 그때 보면 부모님들이 이야기도 해주시고 만나고 했었는데 어머님 혹시 참여하셨나요?

준혁 엄마   그때는 저는 한 번도 안 했구요. 그 이야기 해주시는 어머님들은 이 기억저장소 소속 어머님들이 하시는 걸로 알아요.

여섯 분인가? 둘, 넷, 다섯 명인가, 다섯 분인 것 같애요.

면담자   기억저장소 여기 말고 전시관 있잖아요? (준혁 엄마 :
네, 있어요. 고잔동에) 거기도 가보셨어요?

준혁 엄마   어, 그럼요. 거기도 가봤죠.

면담자   거기도 준혁이 물건이 전시돼 있나요?

준혁 엄마   물건은 없어요, 안 갖다 놨어요. 아냐, 갖다 놨나.
(면담자 : 천장에 물건 있는 것이요) 네, 이렇게 통에다가. 안 갖다 논
것 같애요.

면담자   준혁이 물건 혹시 어떻게 하셨는지요?

준혁 엄마   어떤 물건이요?

면담자   그냥 가지고 계신 건가요, (준혁 엄마 : 네, 다 있어요)
기증하거나 하지는 않으셨구요.

준혁 엄마   네, 다 가지고 있어요. 그니까 옷이나 이런 거는 없
애고 기억할 만한 거. 사진은 다 당연히 있는 거고, 그다음에 애기
때 찼던 목걸이, 팔찌 그런 건 다 가지고 있죠.

면담자   다른 지역이라든가 해외로 이주하신 분들 많으세요?

준혁 엄마   한 집 정도는 있는 걸로 알아요, 한 가정 정도. 그러
고 지방으로 이사 가신 분들도 있고.

면담자   활동하면서 다른 지역에 방문하거나 이런 적도 있으

세요? (준혁 엄마 : 아니요) 다른 지역에 다른 가족, 단체를 만난다든 가, 광주에 있는 5·18[광주민주화운동] 유가족을 만난다든가 하신 적 도 없으세요?

준혁 엄마   아, 고런 거는 가봤어요. 5·18 행사 때문에 갔다가 그 5·18 어머님들 만난 적이 있었고, 거기하고 거기밖에 안 갔[던 것 같은데] 거기하고 홍성 한 번 갔던 것 같고요.

면담자   홍성은 왜 가셨나요?

준혁 엄마   홍성은 공방에서 부모님들 무슨 프로그램, 프로그램 은 아니고 힐링, 힐링이라고 해야 되나? 그래서 한 번 갔던 것 같애 요. 재작년에 갔었던 것 같은데 작년엔 못 갔고.

면담자   힐링이 되셨나요?

준혁 엄마   일단은 집에서 벗어났으니까, 1박 2일이었으니까.

면담자   네. 집에서 벗어나고 싶으셨나요?

준혁 엄마   (웃으며) 아니 그거는 아니고, 그래도 '한 번쯤은 벗 어난 것도 괜찮겠다' 해서 한 번 갔던 것 같애요, 1박 2일.

면담자   지금도 계속 준혁이 동생들 챙겨줘야 되니까, 요새 도 늘 아이들과 함께 계시는 거죠?

준혁 엄마   그거는 사실은 핑계도 없지 않아 있어요, 애들은. 애 들은 솔직히 그래요. 핑계도 없지 않아 있는데 첫애를, 첫애를 그렇게 잃고 나니까 '애들하고 시간을 더 많이 가져야 되겠다' 그런 게 좀 더 많은 것 같애요. 그리고 눈앞에 안 보이면은 이상하고 그래[불안해] 가지고, 요새는 애들이 좀 뭐라고 할까 부모한테서 벗어날려고 하는 애들이 많잖아요, 고등학생이니까. 근데 보면은 친구 집에서 가서 자고 친구들끼리 여행들도 가는 아이들이 있드라고요, 뭐 방학 때 같은 때. 근데 저희는 그런 거 절대 안 돼요. 이 일 있고 나서는 더 안 돼요. 항상 집 안에서 같이 있어야 돼요. 그리구 만약에 정말루 애가 너무너무 원해서, 애가 "가고 싶다" 그러면은 그 집 부모님이 계셔야 되고 그 집 부모님이랑 통화를 해야 돼요. 그래서 확인을 받아야지만 그 집에서 잘 수 있고, 그렇게 되는 거예요. 그렇게 되더라구요.

면담자   네, 동생들은 거기에 대해서 어떤 반응인가요?

준혁 엄마   불만이 많죠, 아주 많죠. "딴 집은 안 그러는데 왜 우리 집은 이러냐" 해서 설명은 하기는 해요. 근데 알면서도 애들은 항상 반항은 하죠. 엄마, 아빠가 왜 그러는지 알면서도 애들은 "왜 안 되냐"고 자꾸 그러는데 그래도 어떻게 해요.

면담자   둘 다 똑같이 그래요?

준혁 엄마   똑같애요. 고3, 고1이니까 거의 똑같애요.

면담자   부모님을, 엄마를 이해하는 그런 측면도 있을 것 같은데요.

준혁 엄마   네, 이해는 하는데 그래두…. 그니까 우리 딸내미가 하는 얘기로는 "자기를 좀 놔달라"고 해야 되나, 약간 그런 뉘앙스의 얘기를 해요. "너무 엄마한테 가둬놀려고 하지 말고 좀 풀어주라"고 근데 제 입장에서는 절대 안 돼요, 그게(웃음). 절대 안 돼요, 아빠도 그렇고.

면담자   동생들이 충격을 많이 받거나 이런 면에서 혹시 심리 상담을 받는다든가 하진 않으셨나요?

준혁 엄마   그런 거는 전혀 안 했고요. 대신 학교에서 상담 선생님이 있어 가지고 학교 상담 선생님들이 하셨어요. 근데 생각 외로 "잘 견디고, 잘 지낸다"고는 하드라고요, 통화를 하니까. (면담자 : 다행이네요) 네. 최근에는 상담은 전혀 안 했고 그 당시 하고, 한 2년, 2년 정도만 했던 것 같애요, 그 상담을. 그니까 14년, 15년 고 정도만 했던 것 같애요.

면담자   이야기를 같이 나누시거나 하기도 하세요?

준혁 엄마   아이들이랑? (면담자 : 네) 오빠에 대한 얘기는 전혀 안 해요. 전혀 안 하게 되더라고요. (면담자 : 왜요?) 애들한테 짐을 지워준다고 해야 되나…. 아이들이 굳이 얘기를 안 해도 애들은 다 알잖아요. 알고 있기 때문에 아주 어린애들이 아니었기 때문에 다 알고 있기 때문에 굳이 얘기 안 해도 다 아니깐, 오빠에 대한 얘기 그런 거는 서로 안 해요.

면담자　　　　동생들도 이야기를 안 하고요?

준혁 엄마　　네. 그니까 오빠한테 가는 것도 거의 정해져 있죠. 생일날, 그다음에 명절 전후로, 그리구 여름에도 한 번 가는 것 같아요. 한 네 번 정도 가나 봐요, 애들 데리고는. 그리고 그 외에는 엄마랑 아빠랑 둘이서 많이 가죠.

면담자　　　　가족분들이 서로 배려를 하고 있는 거네요.

준혁 엄마　　그렇죠. 강요를 안 하는 거니까 배려를 하는 거죠, 애들.

면담자　　　　동생들이 어머님께는 이야기 안 하더라도, 아까 말씀하신 선생님한테는 얘기한다든가 그런 게 있을까요?

준혁 엄마　　하겠죠, 하겠죠. 우리도 보통 그렇잖아요. 엄마, 아빠한텐 얘기 안 해도 친구들한테는 막 얘기하듯이(웃음). 애들도 그런 것 같아요.

면담자　　　　그런 것도 전해 들은 게 있으세요?

준혁 엄마　　아니, 전해 듣지는 않았어요.

4
2016년 국정 농단 사태와 인양 이후 활동 경험

면담자　　　　2016년이 되면은 연말에 촛불집회 국면으로 들어서

잖아요. 갑자기 최순실 국정 농단 터져서 (준혁 엄마 : 네, 그러니까 요) 깜짝 놀라셨겠어요? 그때 기억에 남는 어떤 그런 순간이나 장 면 있으신지요?

준혁 엄마　　저는 촛불집회도 한 번도 못 갔어요. 제가 사람 많은 델 잘 못 가니까 한 번도 못 갔고, 항상 TV로만 보고 ˙에스엔에스 (SNS)로만 보고 그렇게 했기 때문에 제가 직접적으로 와닿는 거는 사실은 없었어요. 없었는데 욕만 했죠. 누군진 아시죠?(웃음).

면담자　　그때 대통령의 7시간 이야기라든가, 가족분들이 굉 장히 많이 분노하셨을 것 같아요.

준혁 엄마　　네. 그 얘기는, 사실은 그 당시 얘기는 촛불집회 그 런 것보다도, 저는 이렇게 주변에서 듣는 얘기가 있었어요. 그 당 시 7시간일 때 "그 사람이 어느 호텔에서 누구랑 있었다" 그 이야기 를 저는 미리 들었거든요. (면담자 : 정말요?) 네. 이런 게 나오기 전 에 그런 소문이 났다고 얘기를 들었거든요. 그래 가지고 "설마 그 랬겠어. 그래도 한 나라의 수장인데 설마 그랬겠어" 그랬는데 그게 (헛웃음) 그렇게 나중에 터지더라구요. 그래 가지고 '아, 그 말이 사 실이었나 보다' 그랬죠.

면담자　　어이가 없었죠(헛웃음).

준혁 엄마　　그러니까요. 막 욕하고, 엄마들하고도 만나면은 막 "죽일 ×, 살릴 ×" 이래 가면서 욕하고 그랬죠. 그니까 그 사람 관련해 가지고 연관 있는 연예인들 있잖아요. "정말 싫다"구 "볼수록 똑같은 것 같다"구 그래 가면서 욕하고 그랬죠.

면담자   네. 그 후에 정권 바뀌고 갑자기 인양이 된다고 하고 그런 일들이 있었는데요, 아까 직립할 때 목포에 가셨다고 하셨는데 인양된 후나 인양될 때나 목포에 가셨나요?

준혁 엄마   직립, 직립할 때는 갔어요. 그리고 직립 전에 한 번 갔고. 지갑, 저희 아이 지갑 찾으러 갔을 때 그때 갔고요.

면담자   그때 얘기 좀 해주시겠어요? 지갑 관련해서는 어떻게 연락이 왔나요?

준혁 엄마   전화가 왔어요, 모르는 번호로. 전화를 받으니까 인양분과장님 동수 아빠라고 그러시드라고요. "어쩐 일이시냐?"고 그랬더니 "준혁이 지갑이 나온 것 같다"고, "확인을 좀 와서 해야 되겠다"고 그러시드라고요. 그래 가지고 그다음 날 바로 갔어요, 차 타고 그 분향소에서.

면담자   아버님이랑 같이요?

준혁 엄마   아뇨, 저 혼자 갔어요. 아침에 갔다가 그 차로 다시 올라오는, 당일로 갔다 오는 걸로 갔다 왔어요. 가가지구 내리니깐 기다리고 계시더라구요, 목포에. 그래 가지고 분과장님 따라서 가니까 물건이 나오면, 유류품이 나오면 세척을 하는데 거길 데리고 가시더라구요. 봉투에 딱 돼 있더라구요. 그래서 확인을 하라고 하는데 열어보니까, 어디야? 안산에 중앙도서관이 있거든요. 거기 출입증이 그 안에 있었던 거예요, 지갑 안에. 그래 가지고 준혁이 거라는 거를 확인을 했더라구요. 거기서도 엄마가 참 무심한 게, 애가 어떤 지갑을 가지고 갔는지도 저는 전혀 생각을 못 하고 있었어요. 근데 나중에 그 지갑이 왔다고[나왔다고 해서] 보니깐 그 지갑이 그제서야 생각이 나는 거예요. 그러니까 그 3년 동안 지갑의 존재를 전혀 생각을 안 하고 있었던 거예요, 저는. 그래 가지고 '내가 엄마가 맞나' 싶은 그런 생각도 많이 들었죠.

면담자   보통 부모님들이 지갑까지 다 기억하지는 않잖아요.

준혁 엄마   그래도 아니에요. 그 지갑도 아빠가 사줬나? 그랬던 지갑 같은데, 지갑을 가지고 갔더라고요. 평소에는 지갑을 잘 안 가져[가지고] 다니거든요, 애가 항상 그 주머니에 그냥. (면담자 : 카드도 없었나 봐요) 네. 그래서 저는 지갑 존재를 전혀 생각을 안 했는데 지갑 얘기를 하[듣]고서 가보니깐 '아, 이 지갑이 있었다' 그게 딱 알겠더라고요. 그래서 안에 보니까 출입증하고, 갈 때 가져갔던 돈하고 그렇게 있드라고요. 많이 주지도 않았는데 음료수 정도만 사 먹고 나머지는 다 들어 있더라고요

면담자   그때 갔다 오시면서 많이 힘들고 놀라셨겠어요.

준혁 엄마   그래도 다행이면 다행인 게 저는 다 찾았잖아요. 준혁이도 다른 아이들보다 빨리 왔고, 엄마, 아빠 곁에 빨리 왔고, 가방도. 지금까지도 안 온 아이들도 있을 거예요, 아마. 근데 가방도

빨리 왔고 한 보름 만에 왔으니까 그래도 빨리 왔고, 지갑은 생각 지도 않았는데 왔고, 그런 거 보면은 '참 효자[다]' 전 그렇게 믿고 싶어요.

면담자　　그 후에 직립으로 옮긴다고 할 때는 가족분들이 다 같이 내려가셨던 건가요?

준혁 엄마　　네, 1박 2일로 내려갔으니까. (면담자 : 하루 주무셨군 요?) 1박 2일, 네. 그니깐 아침 일찍 출발하는 팀도 있었고, 2박 3일 로 간 팀도 있었고, 1박 2일로 간 팀도 있었어요. 왜냐면 제대로 직 립하기 전에 실험 직립을 했어요, 한 번. 살짝 들어가지고 약간 움 직인 고거부터 보시는 분도 있었고, 저 같은 경우는 완전 직립하는 고거 보러 간 거죠, 1박 2일로. 그래서 밤에 출발했어요. 8시, 9시 정도 출발했나?

면담자　　그거는 작년 일이죠, 2017년인가요?

준혁 엄마　　2017년이었던 것 같은데. (면담자 : 2017년에 인양하고 나서 옮겨왔구) 작년이었나요? 작년이었던 것 같애요. 인양이 재 작년이었고….

면담자　　인양이 재작년이고, 작년에 직립하고, 그리고 또 분 향소랑 팽목항 정리하는 일이 작년에 있었네요. 혹시 목포 신항 가 셔서 특별히 기억에 남는 장면 같은 거 있으셨어요?

준혁 엄마　　목포 신항에 갔을 때, 14년 그 당시가 생각이 났어요, 갔을 때는. 여기에는 분향소에는 그 당시에는 리본 같은 게 많이 없었잖아요, 여기 분향소에는. 근데 가니까 목포에 가니까 가는 [길] 거의 신항 들어갈 때쯤 되니까 전부 다 노란 거예요. 그래 가지고 '여기도 많은 분들이 기억을 하고 계시는구나' 그걸 느꼈어요. 정말 많은 분들이 오셨던 것 같드라구요. 리본이 정말 많았어요. 그 끈으로 해서 묶어놓는 거 그게 정말 많았고, 그리고 '배가 생각보다 크지는 않다'. 실제로 보니까 생각보다 그렇게 크지는 않드라[고요]. 정말 정말 클 줄 알았거든요. 근데 생각보다 그렇게 크지를 않았는데 '저거를 인양하는데 왜 이렇게 오래 걸렸을까' [하는] 그 생각도 들었어요. 그리고 생각보다 너무 쉽게 들렸잖아요. 그[러]니까 '해보지도 않고 사람들이 너무 질질 끌었다'는 생각밖에 안 들더라구요.

면담자   네. 그렇게 오래 세월호를 인양하라고 외쳤는데요.

준혁 엄마   그러니까요. 너무 늦게 [됐어요]. 그게 만약에 들면서 실수가 있다든가 뭔가가 잘못돼서 다시 들어가고 이랬다면은 '아, 저거를 들기에는 정말 힘든가 보다' 생각을 했을 텐데, 너무 쉽게 들렸잖아요. 그래서 또 나쁜 사람들[이라고] 욕 많이 했죠(웃음).

면담자   인양 시점은, 인양이 갑자기 진행되었다고 하던데 (준혁 엄마 : 그랬나요?) 혹시 뭐 기억나시는 거 있으세요?

준혁 엄마   글쎄요. 그런 거는 없었던 것 같은데, 기억이 없는데….

면담자 　그때 이후 팽목은 정리할 때까지 다시 안 가셨죠?

준혁 엄마 　네, 한 번도 못 갔어요. 근데 저희 애 아빠는 지금도 가고 싶어라 해요. "가보고 싶다"고 그래 가지고 제가 "가면 아무것도 없어. 가봤자 그 등대 밑에 우리가 타일 작업해 논 거 그거밖에 없어". 저는 그거 봤는데 저희 애 아빠는 못 봤거든요, 그거를. 한 번도 안 갔으니까 "가보고 싶다"고는 하는데 아직 선뜻 나서지지는 않나 봐요. 그래 가지고 "애들 놔두고 그냥 둘이만 갔다 오자" 그런 얘기는 작년부터 했었는데 아직 못 갔어요. 이게 나서지지를 않더라구요, 딱.

면담자 　아버님은 신항 직립할 때, 같이 안 가셨나 보네요.

준혁 엄마 　네, 안 갔어요. 일단 1박 2일이었기 때문에.

면담자 　작년에 팽목 정리하면서 또 안산 분향소도 옮겨 가서 정리를 했었잖아요. 특히 어머님께서 분향소에서 많이 계셨으니까 그때도 굉장히 여러 가지 마음이 교차하셨을 것 같은데, 정리할 때 혹시 계셨나요?

준혁 엄마 　그렇죠. 정리하는 거는 가슴 아파서 못 보고, 4주기 때 애들 사진 다 밖으로 뺐잖아요. 그때 4주기 때 갔는데 [분향소] 앞에 이렇게 딱 나와 있었잖아요, 밖으로. 그때 좀 많이 힘들었고, 철거하고 그런 거는 자신 없어서 못 봤어요. 그거 못 봤고, 그러고 나서 공방하고 컨테이너 박스를 옮겼잖아요. 그때 가서 옮기고 정리하고 그랬죠.

면담자   분향소 정리라든가 이런 거는 다 가족분들의 동의를
얻어가지고 진행이 됐던 거죠? (준혁 엄마 : 네) 그러면서 생명안전
공원으로 만들려는 그런 움직임이 지금 있다고 들었는데, (준혁 엄
마 : 네, 확정이죠) 그거에 대해 안산시 안에서도 좀 충돌이 있나요?

준혁 엄마   충돌이 많죠, 지금도. 언제였드라? 지난 토요일도 제
가 선부동 산다고 그랬잖아요. 거기 앞에서 저희 아이, 막내가 학
원 갔다 오면서 "엄마 밖이 시끄러워" 그러는 거예요. "왜 시끄러
워?" 그랬더니 "세월호 분향, 추모관 하는 거 반대한다고 밖에 시끄
러워" 그러드라고요. 그래 가지고 "어 그래?" 그러면서 저희 베란다
창문을 열고선 밖에 소리를 들어보니까 그 스피커 소리, 그게 막
들리드라고요. "반대한다, 어쩐다" 막 사람들 소리 들리고 그러드
라고요. 근데 그게 계속 있는 것 같아요.

면담자   스피커가 차로 움직이는 거예요?

준혁 엄마   네. 보면은 "화랑유원지 지킴이" 이렇게 써 있는 차
도 있고 그러더라구요.

면담자   그걸 어떤 분들이 하시는 거예요?

준혁 엄마   그건 잘 모르겠어요. 근데 그냥 고 주변에 사는 분
들 아닐까 싶어요. 거기 가깝게 사시는 분들, 그분들이 아닐까 싶
어요.

면담자　　　선부동에서 이웃분들과도 이야기 나눠보신 적 있으세요?

준혁 엄마　　　여기는 이사 와서… 그래도 제가 알고 있는데, 모르는 사람들이 저한테 [얘기할 때나], 자기네들끼리 얘기할 때는 "그런 걸 왜 하냐, 왜 하냐?" 막 그러지만 내가 알고 있는 사람들은 저한테 대놓고서는 그런 얘기를 안 하죠. 할 수가 없죠. 설령 그 사람들이 반대를 한다 해도 제 앞에서는 "그런 걸 왜 지어, 왜 해?", "뭐가 필요해서 그런 걸 해?" 이렇게 얘기는 못 하죠, 그 사람들은.

면담자　　　이웃들의 그런 반응에서 마음이 아프거나 하신 일은 별로 없으세요?

준혁 엄마　　　이번에 선거 있었죠, 작년에. 그때 우리 피케팅을 많이 했거든요. 그때 선부동, 중앙동 이렇게 나눠가지고 피케팅했는데, 피케팅하면서들 충돌이 되게 많았어요, 선거하면서. 근데 저희한테 호의적인 당이 있는 반면에 반대하는 당들도 많잖아요, 자한당[자유한국당] 같은 경우. 근데 그 사람들이 공약 내걸은 게 다 그거였어요. 그거 추모관 하는 거 "납골당 한다" [그러면서] "그거[추모공원 설립] 철회[하겠다]" 그게 다 공약이었어요, 그 사람들이. 그래가지고 우리 피케팅할 때 그 사람들하고 충돌이 많았어요.

면담자　　　어머님도 피케팅 다 하셨어요?

준혁 엄마　　　네, 그건 다 했어요. 한 번도 안 빠지고 다 했어요,

그거는.

면담자   그때 생명안전공원 관련한 피케팅하신 거죠?

준혁 엄마   네, 그거 했어요. 근데 와가지고 옆에서 하시는 말들이, 어떤 한 분 얘기가 제일 인상적인 게, 그분은 반대하는 분이에요, 어르신인데. 당신이 "그 일[세월호 참사] 터졌을 때 분향소 와서 봉사활동도 했다"는 거예요. 근데 "내가 봉사활동 했는데" 우리, 저희들보고 "당신들이 와서 나한테 고맙다고 인사를 한번 했냐?"는 거예요. 그래 가지고 저희가 그랬어요. "봉사활동이라는 게 내가 고맙다는 인사를 받으려고 하는 거냐?"고, "봉사활동은 말 그대로 내가 봉사를 하는 거지 그렇게 인사받을려고 하는 건 아니다" 그랬는데 그 사람들은, 그 어르신은 그러드라고요 "왜 나한테 와서 고맙다는 인사 한번을 안 하냐?"고. 근데 그분이 그러고 나서 보니깐 길에 다닐 때마다 눈에 띄는 거예요.

면담자   근처에 사시는 거예요?

준혁 엄마   네. 선부동에서 했는데 눈에 그렇게 자주 띄드라고요. 그래 가지고 아빠들하고 그분하고, 아빠들하고도 충돌이 많았고, 엄마들하고도 충돌이 많았고 많았어요. 그리고 또 피케팅하면은 음료수 사다 주시는 분들도 계세요. "고생이 많다"고, 고생이 많다고 "열심히 하시라"고. 그리고 또 한 분은 택시운전, 아니 버스운전하시는 분이에요. 원곡동에서 피케팅하고 있었는데요, 갑자기 차가 횡단보도 있는데 딱 스는[서는] 거예요. 버스가 그러더니 앞문이 쫙 열리는 거예요. 그래서 우리는 피케팅하면서 "저 아저씨 또 뭔 소리를 할라고 저거를, 문을 열어?" 그러고 서로들 피켓 들면서 이렇게 얘기를 했어요. 근데 우리가 생각을 잘못한 거예요. 그분이 "당신이 내일 쉬는 날인데 내일은 어디서 피케팅을 하냐?"는 거예요. 그러면서 당신이 거기로 오시겠다고 (면담자 : 같이 하시겠다고요?) 어, "같이 하시겠다"고 그래 가지고 "내일은 어디에서 한다"고 [말씀드렸는데], 근데 정말로 그분이 오셨어요. 너무 감사했어요. 그니깐 저희한테 반대적으로 반대로[를] 해가지고 막 욕하고 그러신 분들이 있는 반면에, 또 그렇게 굳이 얘기 안 해도 알아서 도와주시겠다고 오시는 분들도 있드라고요. 그래서 너무 감사했어요.

5

엄마공방 활동과 추모관 및 기억교실의 의미

면담자   안산 시민분들을 많이 만나셨을 거 같아요. 피케팅도 그렇고 공방에서도. 엄마장[엄마랑 함께 하장]도 하셨죠? (준혁 엄마 : 네, 엄마장 하죠) 엄마장은 어떤 식으로 진행이 되었나요?

준혁 엄마   이번이 몇 번째였지, 네 번째였나? 네 번째였던 것 같애요. 공방 프로그램을, 프로그램을 하잖아요. 그러면 거기에서 나오는 물품이 있어요. 그거를 판매, 판매[하는 거예요]. (면담자 : 직접 만들어서 하시는 거죠?) 네, 만들어서 판매하는 거죠. 그니까 예를 들어서 이거를 두 개를 만들어요. 하나는 내가 갖고 하나는 판매하고, 이런 식으로 초반에는 그렇게 했어요. 그러고 작년부터는 판매를 안 했던 것 같아요. 작년이었나 재작년이었나는 판매를 안 하고 그냥 전시만 했던 것 같아요. 대신에 작년에는 엄마장이[에] 오면은 여러 가지 프로그램이 있는데, 그거를 스탬프로 찍어가지고 오면은. 예를 들어서 "다섯 가지다" 그럼 그 다섯 가지 미션을 다 완료를 하면은 화분을 하나 심어갈 수 있다든지 그런 식으로 했어요, 작년에는.

면담자   어머님은 공방에서 어떤 팀이셨어요?

준혁 엄마   저는 냅킨아트 할 때는 냅킨 팀, 원예 할 때는 원예 팀 그렇게 했어요.

면담자   엄마장 물품도 만들어 내셨어요?

준혁 엄마   그럼요, 그럼요. 저는 퀼트도 제가 했기 때문에 퀼트도 만들어서 내기도 했죠, 판매용. 그것도 하고 또 뭐 만들었지? 만든 거는, 만들어서 파는 거는 퀼트밖에 없었던 것 같은데요. (면담자 : 잘하실 것 같아요) 아뇨, 그렇지 않아요. (면담자 : 원래 좋아하시는 거죠?) 좋아해요, 좋아하죠. 그런데 지금은 손이 아파서 할 수가 없어요, 손이 아파서. 하고는 싶은데 근데 안 되드라고요. 쪼끔만 하고 나면은 손이 저려서 안 되더라구요.

면담자   공방은 언제부터 참여하셨던 거예요?

준혁 엄마   전 초창기부터 했어요. (면담자 : 처음부터요?) 네, 처음부터. 처음에는 퀼트부터 시작을 했어요. 처음에 퀼트부터 시작을 했고, 퀼트하고 그다음에 냅킨아트하고, 그다음에 원예하고, 이랬던 것 같아요. 퀼트는 계속했어요, 거의 계속. 초창기부터 계속, 한 타임만 빠지고 다 했던 것 같아요. 그때도 손이 아파 가지고 못했고.

면담자   공방에 나가게 된 이유가 따로 있으셨어요, 누가 같이 하자고 하신 건가요?

준혁 엄마   같이 하자고는 반 어머님들이 얘기를 한 거고, 그리고 분향소에 제가 계속 나갔었잖아요. 아침에 계속 나갔기 때문에, 아시는 초창기 멤버 엄마들이 "같이 하자, 같이 하자" 해가지고 그렇게 해서 했어요.

면담자   공방에서 배워서 다른 주민센터 강사로 나가기도 하셨다고 들었는데요.

준혁 엄마   네, 몇 번 나갔어요, 냅킨아트로. (면담자 : 몇 번 나가셨나요?) 한 세 번 나간 것 같아요.

면담자   혹시 어디 어디인지 기억나세요?

준혁 엄마   도서관, 작은도서관 한 번 나갔구요. 그다음에 문화센터 같은 데 있더라구요. 거기 한 번 나갔고, 또 어디지? 주민센터. 네, 고잔주민센터. 그렇게 세 군데 나간 것 같아요. (면담자 : 어떠셨어요?) 재밌었어요. 그리고 거기 오시는 어머님들이 일단은 저희 쪽에 좀 호의적이신 분들이 많아서 좋았어요.

면담자   프로그램 모집할 때부터 세월호 가족분들이 강사를 하신다고 공지가 됐나요?

준혁 엄마   네, 공지가 됐어요. 공지가 돼가지고 오신 분들이어서 좋았어요. (면담자 : 어떤 점이 좋으셨는지요?) 저희는 어딜 가면은 항상 반대파들 때문에 걱정을 많이 하거든요. 저 같은 경우는 그래요. 저도 좀 여린 편이라서 누가 뭐라고 하면은 그거에 맞서서 대꾸를 막 하거나 그런 거 못 하거든요. 그래 가지고 혹시래도 가면은 또 뭐 이러쿵저러쿵 얘기가 많이 나올까 봐 걱정을 하고 갔는데 의외로 다 호의적이고 그러니까 말하는 것도 편하고, 그리고 뭔가 제가 이렇게 별거는 아닌데 가르쳐드릴 수 있다는 게 되게 뿌듯했죠. 별거는 아니었지만, "이렇게 하세요, 저렇게 하세요" 하고 가르쳐줬던 거 그런 게 뿌듯했어요.

면담자   아빠들은 목공소 아빠공방이 따로 있던 건가요?

준혁 엄마   네, 근데 거기도 그렇게 아빠들이 많이 계신 것 같지는 않더라구요. 한 다섯 분, 네다섯 분 정도밖에 안 계시는 것 같애요. (면담자 : 엄마공방은 어때요?) 엄마공방은 그분들이 그분들이긴 한데, (웃으며) 그니까 퀼트도 하고 냅킨도 하고 이렇게 하니까 그분이 그분들이긴 한데, 엄마공방은 많으면 30명, 그 정도 되는 것 같애요.

면담자   공방은 주로 활동을 많이 하시는 분들이 하시는 건
가요?

준혁 엄마   네, 그렇죠. 많이 나오시는 분들이.

면담자   온마음센터에도 프로그램 있다고 들었는데 그쪽에
도 혹시 가신 적 있으세요?

준혁 엄마   초창기에 원예 한 번 하고 안 갔어요.

면담자   혹시 왜 안 가셨는지요, 분위기가 다른가요?

준혁 엄마   다른 것도 있고 별로…, 한 번 가보면은 '여기 꼭 나
와야지' 이런 게 있어야 되는데 그런 게 전혀 없었어요. 좀 불편하
다고 해야 되나, 약간 그랬던 것 같애요. 그래서 한 번인가 가고,
아니 두 번 갔나, 한 번 갔나, 한두 번 정도 간 것 같은데 그러고선
안 갔어요.

면담자   그러셨군요. 그와 달리 엄마공방 쪽은 계속 나가게
되는 뭔가가 있었다는 거네요.

준혁 엄마   네, 그렇죠. 아무래도 일단 분향소니깐 애들 가까이
도 갈 수 있고, 한 번이래도 더 볼 수 있고, 가면 항상 들르는 장소
니깐. 가서 젤 먼저 가면 초반엔 그랬어요. 일단 가면 애들 먼저
보고 그러고 나와서 공방 컨테이너 박스로 가고 했는데, 그래도 세
월이 조금 지나니깐 열 번 갈 거 다섯 번 가고, 열 번 갈 거 두 번 가
고 이런 식으로 자꾸 줄드라고요, 그것도.

면담자   특히 요새 분향소가 옮겨진 후에 사람들이 줄었다고 얘기하시는 분들이 있는 것 같던데요.

준혁 엄마   많이 줄었죠.

면담자   이제 안 나오시는 건가요?

준혁 엄마   거의 안 나오죠, 지금은. 그니까 그 30명도 공방 프로그램이 있어야지만, 그렇게 30명인 거예요. 하다못해 저만 해도 그래요. 프로그램 아닌 이상은 별로 갈 일이 없어요, 가서 할 일도 없고.

면담자   할 일이 있다는 게 참 중요하네요.

준혁 엄마   그렇죠. 하다못해 가서 그 리본이래도 만들고 그런 게 있으면은 가는데 지금은 그것도 없죠. 아무것도 없거든요. 그니까 가서 할 수 있는 게 내가 뭔가를 가져가서 하는 거. 그래서 예를 들어서 퀼트면은 거기 가서 바느질, 앉아서 그냥 바느질하면서 엄마들 나와 계시면 같이 수다 떨고 그 정도지 다른 게 전혀 없으니깐.

면담자   다른 모임으로 합창단도 있고, 종교 모임 같은 것도 있고. (준혁 엄마 : 네, 있죠) 혹시 이런 것도 하신 거 있으세요?

준혁 엄마   아니요, 없어요. 합창단은 노래를 못 해서 안 하고, (웃으며) 종교는 너무 늦은 시간에 가야 되는 거라서 안 가고, 그리고 연극은 더 못 해서 안 가고(웃음).

면담자   그 모임들이 다 계속 진행이 되는 건가요?

준혁 엄마   지금 다 진행 중인 거죠. 근데 종교 모임은 아닌 것 같고, 그 외에 두 가지는 계속 진행 중인 걸로 알아요.

면담자   2017년, 2018년 돼서는 인양도 되고 분향소 정리되고 이런 거 여쭤봤는데, 졸업식이 며칠 전에 있었잖아요. 졸업식 관련해서 준비 과정이라든가 기억에 남는 거 말씀해 주시겠어요?

준혁 엄마   준비 과정, 준비 과정은 뭐 여기 기억저장소 분들이 다 하셨잖아요. 그런 게 좀 많은 걸로 알아요. 여기 도언이 어머님이 앨범 작업, 그때 위원장인가 하여튼 그래 가지고 그 어머님이 많이 하신 걸로 알고, 그리고 반별로 다 대표 한 명씩 있었어요, 앨범 작업할 때도. 그리고 휘범이 엄마가 아마 얘기하셨을 거예요. 그러니까 그 엄마들이 고생을 했죠. 사진 수집하고 앨범 제작하는데 부산인가 어디까지도 갔다 오고 그래서 그분들이 고생을 많이 했죠.

면담자   졸업식을 사실 늦게 한 거잖아요. (준혁 엄마 : 그쵸) 그 당시에 안 했던 이유가 있나요?

준혁 엄마   일단은 미수습자들이 있기 때문에 할 수가 없었고, 하면 안 되는 거였고. 근데 저는 사실은 이번에 졸업식 하는 것도 별로 탐탁하지 않았거든요. 제 개인 생각으로는 이 추모관이 어느 정도 말 그대로 첫 삽을 뜰 때까지는 뭔가는 잡고 있어야 되는 끈이 있어야 된다고 생각을 했었는데, 위에서 하시는 분들이 진행을 이렇게 했으니까 어쩔 순 없는 거였는데, 제 개인적으론 쪼끔 더

늦춰져도 되지 않았을까 싶어요.

면담자   졸업식을 하니까 또 끝난 것 같군요.

준혁 엄마   이제 다 끈이 없잖아요, 끈이 전혀 없어요. 왜냐면은 이거는 제 생각이에요, 그냥 제 생각. 분향소도 없어졌잖아요. 그러니까 우리가 이 안산시나 어디에다가 얘기할 뭔가가 없어진 것 같은 느낌이 들드라구요. 그리고 하다못해 쉬운, 예로 예전에는 뭐라고 하지, 공방 가면은 물 같은 것도 안산 아리, 아니야 아리수는 서울이고, 안산에는 물이 있던데 이름을 모르겠어요, 기억이 안 나요. 근데 그 물[상록수] 같은 것도 안산시에서 지원을 했던 걸로 아는데 근데 그것도 인제는 안 한다고 글드[그러데]라구요, 들었거든요. 그니까 분향소가 없으니까 안산, 우리하고 안산시하고 이렇게 연관되는 끈이 없는 것 같드라구요. 그래서 '이래서 분향소가 있어야 되나부다' 생각을 했는데 분향소는 어차피 시민들한테 돌려줘야 되는, 그 자리는 돌려줘야 되는 거는 맞기는 맞는데, 뭔가가 '추모관 거기에 첫 삽을 뜰 수 있는 그런 제스처가 나왔을 때 해도 늦지 않겠다' 싶었는데.

이번에 졸업식도 똑같은 이유로 '추모관에 삽을 좀 뜨고 어느 정도 됐을 때 했으면 좋겠다. 1년 정도만 늦게 해도 올 8월부터 한다니까 1년 정도만 늦게 해도 괜찮지 않았을까' 싶은데 위의 분들이 "그렇게 하자" 결론을 냈으니까 어쩔 수 없이 해야죠, 뭐. 그래서 했죠.

면담자　　　어머님이 생각하시기에 추모관이 필요한 이유가 연결되는 끈 같은 장소로서 공간이 필요하다는 그런 말씀이신 거죠? (준혁 엄마 : 그럼요, 네) 조금 더 덧붙여서 설명을 해주시겠어요?

준혁 엄마　　　(한숨) 그 추모관이 없으면은 부모님들하고의 서로 공감대를 형성할 수 있는 그 자리가 없어지는 거잖아요. 지금 공방으로, 저희가 사용하고 있는 그곳도 언젠간 없어져야 되는 공간이고. 제가 봐서는 그 공간도 없어져야 될 것 같애요, 없어지게 될 것 같애요. 그러면은 서로 공감할 수 있는 공간이 있어야 되는데 그 공간은 추모관밖에 없어요. 그리고 우리 아이들도, 아시겠지만 여러 군데 나눠져 있잖아요. 그 아이들도 다 한곳에다 모아야 되고 그렇기 때문에 무조건 있어야 되는 공간이죠. 연결고리, 부모님하고의 서로의 연결고리도 되고 저와 우리 아이와의 연결고리도 되고 그런 것 같애요.

면담자　　　기억교실과는 좀 다른가요?

준혁 엄마　　　기억교실도 같죠. 제가 알기로는 이 기억교실도 글로 옮기지 않을까요?

면담자　　　기억교실은 다른 곳으로 따로 옮겨진다고 알고 있어요.

준혁 엄마　　　옮겨진다, 옮기는 거 아닌가요?(웃음) 그런가요? 옮기는 것 같은데 아닌가? 아, 나 확실치를 않네.

면담자   기억교실이랑 추모관이랑 성격이 다르다는 말씀이
신가요?

준혁 엄마   아니요. 같죠, 같은데. 여기도 옮겨야 되는 거 아닌
가, 다 모든 게 한 공간에 있어야 되지 않을까, 그게 맞는 것 같은데.

면담자   함께 기억하고 추모할 수 있도록 하는 곳인 거죠.

준혁 엄마   네. 자리가 안 되면 어쩔 수 없지만 다 한곳에 있으
면은 좋지 않을까 싶어요.

면담자   네, 알겠습니다. 어머님 오늘은 그동안에 가족분들
의 투쟁과 공동체 활동 경험 등과 관련해서 여쭤봤는데, 혹시 빠뜨
리거나 추가할 만한 게 있을까요?

준혁 엄마   기억이 안 나요(웃음).

면담자   기억에 특별히 남는 장면이나, 어머님 혹시 언론이
랑 같이 뭔가 하시거나 그런 거는 없으세요?

준혁 엄마   인터뷰? (면담자 : 네) 없어요. 저는 전혀 안 했어요,
저는 싫어요, 그런 거.

면담자   연예인을 만나시지도 않으셨죠?

준혁 엄마   아뇨, 없어요. (면담자 : 정치인이나 법조인도요?) 아뇨,
아뇨. 그런 거 전혀 없어요.

면담자   『약전』 작업은 4반 전부가 참여했다고 들었는데요.

준혁 엄마   『약전』…,『약전』이 저희 반 다 했나요?

면담자   아니에요?(웃음) 앞서 구술증언 하셨던 관계자분께서 4반은 전부 다 하셨다고 하셔서요.

준혁 엄마   아, 그랬나요, 나 기억이 없네. 맞겠죠, 뭐. 본인이 [그렇게 말]했으니까.

면담자   딱히 아주 기억에 남는 작업은, 다른 사람이나 시민들과 교류한다든가 그런 거는 아까 다 말씀하신 거죠? 그럼 오늘은 여기까지로 하겠습니다.

3회차

2019년 2월 15일

1
시작 인사말

면담자   본 구술증언은 4·16 사건에 대한 참여자들의 경험과 기억을 기록으로 남김으로써 이후 진상 규명 및 역사 기술에 기여하고자 합니다. 지금부터 전미향 씨의 증언을 시작하겠습니다. 오늘은 2019년 2월 15일이며, 장소는 안산시 단원구 4·16기억교실 협의회실입니다. 면담자는 장원아이며, 촬영자는 강재성입니다.

2
최근의 근황

면담자   원래 첫 질문이 근황 관련한 질문인데 하루 만에 다시 뵈어서(웃음). 지금 공방에서 점심 식사 하고, 명진 스님과 같이 하고 오셨다고 들었어요. (준혁 엄마 : 네) 그분은 어떻게 공방 어머님들이랑 알고 지내세요?

준혁 엄마   저희가 초창기에 분향소[가] 화랑유원지에 생겼을 때 거기에 부스들이 굉장히 많았어요. 기독교 부스, 불교 부스, 원불교 부스 뭐 이런 식으로 부스가 굉장히 많았는데, 그중에 하나가 불교 부스였어요. 그래 가지고 그때 스님이 오셔가지고 저희랑 연결이 된 걸로 알아요, 저는. 고렇게만 알아요.

면담자   연결이 됐다 하면 어떤 거를 함께 하셨지요?

준혁 엄마   그니까 오서가지고 같이 예불이라 그러죠? 그런 거
도 예배가 아니라 예불이라 하죠. 그런 것도 드리고 상담도 좀 해
주신 것 같드라구요.

면담자   어머님이 직접하시지는 않으시구요?

준혁 엄마   네, 저는 아니고.

면담자   불교 믿으신다고 하셨죠?

준혁 엄마   근데도 안 갔어요, 한 번도 안 갔어요.

면담자   예불을 가시진 않으신 거군요. (준혁 엄마 : 네) 공방
인데 스님이 같이 뭘 만들거나 그러신 건 아니었나 봐요?

준혁 엄마   네, 그렇[게 알고 있어요]… 별로 저희 엄마들 공방 쪽
에는 오시지 않았던 것 같아요. 가끔 한 번씩은 오신 것 같은데 그
렇게 자주 오시거나 그러진 않으신 것 같아요.

면담자   그럼 오늘은 어쩌다가 오시게 된 건가요?

준혁 엄마   아까 말씀을 하시는데 식사 전에, 며칠 전에 졸업식
있었잖아요. 근데 그 소식을 듣고 너무 속상하시드래요. 그래 가지
고 '어머님들 식사를 대접을 좀 해야 되겠다' 이렇게 생각을 하셨대
요. 그래 가지고 오늘 점심을 먹게 됐죠. 한 20명, 한 20여 분 정도
오신 것 같아요, 엄마들은. 아빠들도 오셨고 몇 분.

면담자   공방 분들만 오신 건가요?

준혁 엄마   네, 꼭 공방은 아니고 엄마, 아빠 가족들, 다 같이. "오실 수 있는 분들은 댓글을 달아라" 해가지고 댓글 다신 분들 다 오셨죠.

면담자   그렇게 모이시면은 자주 만나는 분들도 있고 아닌 분들도 나오세요?

준혁 엄마   항상 만나는 분들이에요(웃음), 항상 보는 분들.

면담자   졸업식 때 뵙고 오늘 또 뵙는 건가요?

준혁 엄마   네, 그렇죠. 제가 그랬잖아요. 공방에 나오시는 분들이 많아야 30명이라고. 딱 고만큼이에요. 오늘도 몇 분만 빼고 항상 보는 분들 중에 한 몇 분 빼곤 다 본 것 같애요.

면담자   조그마한 성당도 분향소 앞에 있었고, 불교방도 있고 있었잖아요. 지금 같이 옮겨 갔나요?

준혁 엄마   아니요, 다 없죠.

면담자   그럼 이제 예불이나 그런 거는 안 하는 건가요?

준혁 엄마   네, 전혀 못 하죠. 할 수 있는 게 저희 가족들 활동하고 있는 거만 하고 있는 걸로 알아요. 연극, 합창부, 엄마공방 요렇게만 있는 걸로 알아요. 그리고 4·16TV, 4·16TV도 있고. 고게 있어요, 부스가 따로.

면담자   부스들 중에 어머님께서 가장 자주 가시는 데는 공방인 거죠, 딴 데는 안 가세요?

준혁 엄마   네, 엄마공방. [딴 데는] 갈 일이 없네요?(웃음).

3
활동하면서 힘들거나 위안이 되었던 점

면담자   지난 시간들을 돌아보면 계속해서 쭉 밖에 나오신 거잖아요.

준혁 엄마   네. 거의 특별히 어디 가거나 그런 건 아니지만 그래도 뭔 일 있을 때는 항상 여기 안산에서, 공방에서 뭐가 있다 할 때는 거의 나왔던 것 같아요.

면담자   네. 이렇게 지속적으로 활동에 참여하실 수 있었던 이유는 뭐라고 생각하세요?

준혁 엄마   그[러]니까 '내가 할 수 있는 거만큼은 하자, 할 수 있는 거만큼은'. 특별하게 내가 어디에 가서 하지도 못하는 거를 해라 그러면은 못 하는데, 공방에서 "뭐 좀 도와주세요" 하면은 "뭐 지금 같이 합시다" [하면은] 하죠. 하다못해 작년 겨울에 엄마들이 뜨개질해 가지고 목도리 해[만들에]가지고 나눔[을] 했거든요. 목도리 뜨개질해 가지고, 그런 것도 "같이 좀 하자" 하면은 제가 할 수 있는 거는 해요, 근데 어려운 거는 못 하고. '할 수 있는 것만큼은 해야 되겠다' 그런 생각이 있어서 될 수 있으면 참여를 할려고 하죠.

면담자　　　　할 수 있는 것만큼이라고 하셨지만, 엄청나게 많은 목도리를 뜨개질해야 하고 힘든 일이실 텐데요.

준혁 엄마　　　　맞어요. 저는 많이 못 했어요. 제가 계속 말씀드리지만 제가 손이 별로 안 좋아서, 손이 많이 아파 가지고 많이 못 하겠더라구요. 그래 가지고 저는 두 타래[봉지: 한 봉지에 실뭉치 네 타래가 들어 있음]를 했어요. 그니까 네 개씩 있는 거 두 타래로 여덟 개, 여덟 개만 뜨개질했고, 많이 하는 분들은 세 타래[봉지] 이상, 다섯 타래[봉지] 하신 분도 있고 그래요.

면담자　　　　실 한 뭉치 기준으로 하신 거예요? 제가 전혀 몰라서요.

준혁 엄마　　　　한 뭉치가 아니고 뜰 수 있는 봉지에 들어 있는 게 네 개예요. 그니까 네 개가, 요 한 타래가 한 개, 목도리 한 개예요. 그럼 이 네 개가 한 봉지면은 네 개, 두 봉지면은 여덟 개 이런 식으로…. 근데 요거를 여섯, 다섯 봉다리 하신 분들도 계세요.

면담자　　　　댁에 가서서 계속 밤새워서 하시는 거네요.

준혁 엄마　　　　그니깐 거기서 앉아서도 좀 하고 집에 가져와서 들 많이들 하죠.

면담자　　　　지금 생각하실 때 지난 4년 반 넘게 어머님의 활동이나 선택에 대해서 아쉽거나 후회하는 점이 있으세요?

준혁 엄마　　　있죠, 그런 데 사람들 많은 데 못 간 거. 제가 갈 수가 없으니까 못 가긴 했는데, 내가 '조금만 참고 한번 가볼걸' 하고, 지나고 나면 후회는 조금씩은 해요. 근데 한번 나서기가 힘드니깐 그래서 못 간 건데, 좀 더 많은 활동을 하고 다른 부모님들하고 같이 동참을 했으면은 내가 쪼금 나중에 저희 아이 만났을 때 조금 더 떳떳하다고 해야 되나, 그러지 않을까 생각을 하는데 그걸 좀 못 해서 아쉽죠.

면담자　　　혹시 참여 못 해서 정말 아쉬운 때가 있었어요?

준혁 엄마　　　촛불집회 한 번도 못 간 거, 그건 꼭 갔었어야 하는 건데, 그거를 한 번도 못 갔다는 게 제일 아쉬웠어요.

면담자　　　혹시 아버님이나 준혁이 동생분들은 가셨나요?

준혁 엄마　　　아뇨. 전혀, 그때는 전혀. (면담자 : TV로 보신 건가요?) 네, 그냥 그렇게만 소식을 들었죠. 계속 에스엔에스(SNS) 보면서 그랬어요.

면담자　　　다음 질문도 비슷한데요, 지난 4년 반에서 5년 가까이 되는 시간 동안 어머님을 가장 힘들게 했던 점은 무엇이에요?

준혁 엄마　　　힘들게 했던 거… 우리 애를 못 본 거, 못 본다는 거… 그리곤 주변 사람들이 조금 힘들게 한 거, 그 정도.

면담자　　　주변 사람들이 힘들게 했던 거라면 혹시 어떤 점인가요?

준혁 엄마   가족, 가족. 제가 어저께 말씀드린 것 같은데 저희 네 식구 외에 친가 이런 데서 좀 힘들게 했다는 거, 고 정도(웃음).

면담자   무슨 일로 그렇게 힘들게 하셨어요(웃음), 지금도 명절 때라든가 계속 만나세요?

준혁 엄마   그렇죠, 보죠. 보기야 보죠.

면담자   이번 설에 갔다 오셨어요?

준혁 엄마   아뇨, 저희 집으로 오셨어요.

면담자   아버님이 혹시 장남이세요?

준혁 엄마   네, 장남에 외아들, 그죠. 고모들은 있어요. 위에 누님들은 있는데 아들은 하나니까.

면담자   그럼 큰손주 소식을 그렇게 들으셨던 거군요.

준혁 엄마   네. 그래서 처음에 그 일 있을[있었던] 그 당시부터 굉장히 힘들게 했어요.

면담자   원래 명절 때 서울에 가시는 게 아니라 늘 안산에서 하셨어요?

준혁 엄마   아니요, 항상 갔어요. 이번에 처음으로 저희 집으로 오시라고 했죠.

면담자   그러면 작년까지는 서울로 가시고요?

준혁 엄마   저는 항상 갔어요. 명절[에] 한 번도 안 빼고 다 갔어요. 오지 말라고 할 법도 한데 그런데도 항상 갔어요. (면담자 : 그러면 얼마 안 됐을 때도 가셨어요?) 네, 갔어요. 추석일 때도 갔어요.

면담자   그러셨군요. 며느님은 혼자뿐이시네요? (준혁 엄마 : 그렇죠) 혹시 제사 다 준비하시는 거예요?

준혁 엄마   제사는 아닌데, 없는데 대신에 식구들 먹을 음식은 다 하죠. 그리고 가면은 이렇게 사촌들이라, 그니까 우리 준혁이 기준으로 했을 때 사촌들이랑 나이가 다 비슷한 거예요. 1살 위, 1살 아래, 다 그러니까 명절 때 가면은 [준혁이] 빈자리가 더 느껴지는 거죠.

면담자   안산으로 오시면은 사촌들도, 고모들도 다 같이 오는 건가요?

준혁 엄마   네, 이번에 다 오셨더라구요.

면담자   혹시 용인[준혁이가 안치되어 있는 곳]에도 다녀오셨나요?

준혁 엄마   못 갔어요. 이번엔 못 갔어요.

면담자   원래는 챙겨 가셨나요?

준혁 엄마   근데 미리 갔다 올 때도 있고 또 명절 고 무렵이 저희 아이 생일이랑 가까워요. 그래서 생일 때 갈려고 좀 미뤄서 가는 경우도 있고 보통 그랬어요. 그래서 명절 당일 날은 거의 안 갔던 것 같아요. 추석에도 명절 당일 날은 안 갔던 것 같아요. 네, 항상 시댁에 가야 되니까.

면담자   거리가 가깝잖아요.

준혁 엄마   어, 그래도(웃음). 그래도 큰일 날…… . 그래서 안 갔죠, 못 갔죠.

면담자   아버님이 중간에서 잘 해주셔야 하는데요.

준혁 엄마   그러니까요(웃음), 그거를 안 하네요.

면담자   그러면 반대로 지난 시간 동안 어머님께 그래도 가장 위안이 된 점이 있었다면 뭐예요?

준혁 엄마   그래도 같은 유가족이라는 그 틀에 있는 분들이 많잖아요, 지금. 그분들이 많이 위로가 됐죠, 대화 상대가 되니까. 같은 유가족이 아니고 다른 분들하고 얘기하면은 별로 얘깃거리가 그래요. 근데 일단 같은 아픔을 가진 분들이니까 그분들하고 얘기하면은 정말 많은 얘기가 나와요. 그러니까 그분들이 많이 위로가 됐던 것 같아요.

면담자   보통 어떤 이야기 하세요?

준혁 엄마   그[레]니깐 아줌마들이 하는 모든 얘기를 하는데 가족이 아닌 다른 사람하고 얘기를 하면은, 얘기하다가 막 웃으면은 그 사람들은 좀 그런 선입견으로 보잖아요. '쟤는 자식 그랬는데 저렇게 웃는다' 이렇게 보이는데, 같은 가족끼리 유가족들끼리 앉아서 얘기하면은 그게 흥이 안 되는 거예요. 그래 가지고 앉아가지고 얘기하면서 울고 웃고 그런 게 많았죠. 초반에는 그러고, 지금은 울고 웃고 그 정도는 아니지만, 그래도 서로들 집안 얘기 같은 거를 4년을 거의 붙어 다니다시피 하면서 지냈기 때문에 많은 얘기를 알고 있죠.

면담자   다들 전부터 알고 계시던 분은 안 계시죠?

준혁 엄마   없어요, 저 같은 경우는 전혀 없어요.

면담자   지금은 거의 날마다 보는 사이로 (준혁 엄마 : 네) 친한 분들이 많으세요?

준혁 엄마   저는 그냥 4반하고만 많이 어울렸던 것 같애요. (면담자 : 아, 같이 반 활동을 함께 하시니까요) 뭘 하나 해도 반끼리 모임이 많았거든요, 초창기에. 그니까 초창기에 친했던 분들이 그냥 지금까지 온 것 같애요. 특별하지 않은 이상은, 특별하게 다툼 있다든가, 사람인지라 이렇게 다툼이 있을 수도 있잖아요. 그래서 그런 거 아닌 이상은 초창기 멤버들이 그냥 그대로 가는 것 같애요, 어울려서.

면담자   혹시 만나는 분들이 나이대가 비슷하세요? (준혁 엄마 : 비슷하죠) 아버님들이랑도 친하세요?

준혁 엄마   친한 거보다도 그냥 좀 알죠.

면담자   사총사 이야기 하셨잖아요. (준혁 엄마 : 아, 네) 슬라

바 아버님도 이야기하셨구요. 그래서 엄마, 아빠 따지지 않고 친하
시구나 했어요.

준혁 엄마   네. 거기는 휘범이 엄마랑 동갑, 그니까 두 분은 서
로 되게 친해요. 그[러]니까 여자, 남자 그런 게 아니고, 나이도 동
갑이고 서로 성격도 비슷한 거 같고 그래서 좀 친해요. 그래서 넷
이서 잘 가요. (면담자 : 동네도 비슷하게 같이 사시구요) 네. 근데 하
용이네 같은 경우는 이사를 가버려 가지고, 먼 데로. 자주는 못 보
는데 그래도 공방 프로그램을 하나 같이 하는 게 있어서 일주일에
한 번은 꼬박꼬박 봤죠, 지금까지는, 이사 갔어도. 1년 다 됐어요,
이사 간 지는. 용인으로 이사 갔어요.

면담자   혹시 유가족분들 말고 그 전부터 친구인 분들 있잖
아요. 다른 점이 느껴지세요?

준혁 엄마   있죠. 한번은 제 어릴 때 [친구], 여자들은 이렇게 배
꼽친구라고도 많이 하는데 그렇게 어렸을 때부터 친구가 있는데
걔는 아무 의미 없이 그냥 한 얘긴데 저는 그게 되게 마음 아팠거
든요. 뭐를 하면서 그때 뭐였더라, 뭐를 샀다고 했었나? 금액 가지
고 무슨 얘기가 있었어요. 그래 가지고 "너무 비싸다 저런 거 못 사
겠다" 이런 식으로 얘기를 했는데 그 친구가 그러는 거예요. "너는
돈도 많으면서 저게 뭐가 비싸다고 그러냐"고, "돈 많은 애들이 더
그런다"고, 그런 식으로 얘기를 하는 거예요. 그래 가지고 '아, 쟤는
나를 그렇게밖에 안 보는구나' 딱 그렇게 생각이 들드라구요. 그래

133

3회차

가지고 그 얘기 들었을 때는 조금 힘들었어요. 어릴 때부터 친구고 지금까지도 연락하고, 어릴 때부터 친구면은 거의 40년 이상 된 친군데, 초등학교 입학하면서부터 친구니까 제가 50이니까 40년 된 친구잖아요. 근데도 쟤가 저런 식으로 나를 대하는 게 되게 힘들드라구요. 아파하는 거는 아파하는 거고, 또 그런 거는 별갠가 보다 싶드라구요.

면담자　　　돈이라고 하는 게 혹시 보상금 관련해서 그렇게 얘기한 건가요?

준혁 엄마　　보상금 그런 거, 네.

면담자　　　그런 식으로 이야기하는 사람들을 많이 만나세요?

준혁 엄마　　아니요. 이번에 피케팅하고 그럴 때, 그럴 때 있고 그다음에 어디지. 추모관 그거 공청횐가 그런 거 할 때 설명회 그런 거 할 때도 오시는, 그 반대하시는 분들이 그런 얘기 했던 거 있었고…. 〈비공개〉

면담자　　　4주기 지나고 바로 그러셨군요. 혹시 소송에 참여하셨어요?

준혁 엄마　　아뇨, 저희는 못 했어요.

면담자　　　그런 이야기들이 가장 힘들게 상처를 줄 것 같아요.

준혁 엄마　　네, 그러니까요. 근데 그런 것 때문에 힘들어하는 가족들이 많을 텐데? (면담자 : 네) 그죠, 많죠. 드러나지는 않지만 많을 거예요. 보니까 그런 것 같아요. 저도 굉장히 힘들었어요, 그 당시에. 밤에 잠도 못 자고 막 그 정도였어요. (면담자 : 아, 그런 이야기들 때문에요?) 〈비공개〉

면담자   배신감을 느끼셨겠네요. (준혁 엄마 : 네, 그렇죠) 사실 돈 때문에, 돈이 중요한 게 아닌데요.

〈비공개〉

면담자   다른 친척분들은 많이 도와주셨어요, 안산에 언니 사신다고 하셨죠?

준혁 엄마   저희 언니랑 오빠 다 있는데 언니나 오빠는 이런 거에 대해서, 보상금 그런 거에 대해서는 전혀 말 한마디도 안 붙였어요. 그거를 궁금해[하겠죠], 사실은 궁금은 하겠죠. 사람인지라 궁금은 할 거예요. 근데 정말 내가 조금만 관심 있는 사람이면은 인터넷만 봐도 솔직히 나오잖아요. 근데 그거를 군이 그렇게 사람 앞에 대놓구선 얼마를 받았으며 그런 얘기를 다 한다는 게 고모들한테 되게 실망했는데, 저희 친정 식구들은 그거에 대해 일절 아무 말도 없었어요.

면담자   그러면은 혹시 동생들 봐주는 거 도와주신다거나 혹은 안산에서 활동을 도와준다든가 이런 식으로 지원을 해주시기도 하나요?

준혁 엄마   그런 거는 못했어요. (면담자 : 바쁘시니까?) 네. 근데 서명받고 그런 거는, 오빠는 교회를 다니시니까 오빠는 교회 가서 서명 이만큼(손짓하며) 받아가지고 오시고. (면담자 : 많이 받아오셨네요) 네, 많이 받아오셨어요. 큰 교회 다니시니까 거기 앞에서 주일날 2준가에 걸쳐가지고 받아오신 것 같더라구요, 서명 안 하신 분들은 서명 좀 해달라고 그래 가지고 이만큼 받아온 것 같아요. 그리고 아빠 친구들은, 이번에 재단 만들고 했잖아요. (면담자 : 4·16재단이요?) 네. 재단 만들고 했을 때 아빠 친구들도 다 해주고 그 기억위원 (면담자 : 기억위원 모집하시고요?) 네. 한 분은 자기 사업체 하는 친구 있는데, 그 친구는 한 100명 정도 되는 것 같애요. 그것도 본인이 사인만 받고 그 금액은 본인이[친구가] 내고 그런 식으로 해가지고 다 도와줬죠. 그런 거 하는 거 뭔가 여기에서 가협[4·16세월호참사가족협의회]에서 뭔가가 있다 그러면 얘기하면은 다 도와주고 그런 거는 했죠.

면담자　　　가족분들은 재단에 발기인으로 참여하신 건가요?

준혁 엄마　　네, 저희는 발기인으로 돼 있죠.

면담자　　　그렇군요. 재단에서는 생명안전공원 관련해서 쭉 관리 같은 걸 하는 거에요?

준혁 엄마　　제가 알기로는 그게 첫 번째 목적인 것 같애요. (면담자 : 그렇군요. 이제 막 공사 시작하구요?) 네. 올 8월 달부턴가 시작을 한다는 얘기는 있는데 그것도 모르겠어요. 8월 달부터 정말 시작을 할 건지 어쩔 건지. (면담자 : 왜요, 혹시 무슨 일이 있나요?) 아니,

다른 게 있는 건 아니고, 정말로 모든 게 첫 삽을 떠야지 시작하나 보다 되[하]잖아요. 그리고 첫 삽 떴다고 해서 그냥 무조건 쭉쭉쭉 올라가지는 않을 것 같아요. 하도 옆에서 뭐라고 하는 사람들이 많으니까, 반대하는 사람들이 많으니까 아주 쉽게 올라가지는 않을 것 같아요.

면담자　　시작하면 공사가 한 3, 4년 걸리나요?

준혁 엄마　　3년, 얘기한 것 같아요. 그랬던 것 같아요. 작년에 얘기 나왔을 때 앞으로 한 4년에서 5년 얘기하는 거 보니까 3, 4년은 잡아야 되는 것 같아요.

면담자　　공사가 쭉 잘되어야 할 텐데요.

준혁 엄마　　그러니까요.

4
4·16 이후 삶을 대하는 태도의 변화

면담자　　그러면 다음 질문은 좀 포괄적인데요, 4·16의 경험이 어머님의 세상에 대한 관점이나 삶에 대한 태도에 변화를 가져왔다고 생각하세요?

준혁 엄마　　(침묵) 그렇죠, 그렇죠. 가져왔죠.

면담자　　예를 들면 어떤 점일까요?

준혁 엄마   저는 인터넷을 봐도 사회나 경제나 나라 돌아가는 일은 별로 관심 있게 안 봤는데 그런 거를 자꾸 보게 되는 거, 그런 거를 자꾸 보게 되는 거 같애요. 그리고 예전에는, 이 일이 있기 전에는 설마 저런 일이 나한테 있을 거라[고]는 생각을 전혀 안 하고 살았는데, 무슨 일만 터지면은 '아이구, 저 일이 나한테도 또 올 수도 있겠다' 그런 불안감, 그런 거는 더 생기는 것 같애요.

면담자   더 많이 불안해지신 건가요?

준혁 엄마   네. 그래서 애들 "어디 간다" 그러면은 겁부터 나는 거예요. 그런 게 있어요. 그러고는 또 뭐가 있을까요?

면담자   예를 들면 가족관계 같은 거에서나 아버님과의 관계에서 변화가 있었다든가 혹은 동생들과의 사이에서 변화가 있었다든가 하는 것은 없나요?

준혁 엄마   아, 그런 거는 없었던 것 같애요. 초창기에는 아빠가 많이 힘들어가지고 술도 많이 먹고 했는데 그것도 잠깐이드라고요. 그[러]니까 그때는 서로 얘기를 한 거죠. 제가 짜증을 많이 내고 화를 내고 해도 아빠가 좀 참고, 저는 또 아빠가 이렇게 술 많이 마시고 들어오고 그러는 거를 제가 좀 참고, 그게 어느 정도 지나니까 원래대로 돌아오드라고요. 그리고 애들도 처음에는, 처음에는… 말도 별로 안 했던 것 같애요. 전혀 오빠나 형아에 대한 얘기는 거의 안 했으니까. 근데 지금은 조금은 세월이 흐르고 그러니까 애들이 커놓으니깐 "오빠 생일이 언제다" 이제 그거 정도는 자기네들이 기억하고 가야 된다는 생각도 있는 것 같애요, 오빠한테 가야 된다는 생각도. 옛날 같으면 더 어릴 때 같은 경우는 "안 간다" 이런 얘기도 나오고 했는데, "안 가겠다" 그랬는데. (면담자 : 초등학생일 때요) 어, 그러니까 너무 어리니까. 근데 이제는 '안 간다' 그런 얘기는 없어요. 이제 뭔 때, 뭔 때 이런 식으로 1년에 적어도 네 번은 데리고 가니까 당연히 '그때는 가야 되는 거다' 생각을 하는 거죠.

면담자   혹시 아이들 교육하는 거에 대해서도 관점 같은 게 바뀌신 게 있으세요? 이 일을 겪으면서 "교육이 이렇게 달라져야 한다" 하는 이야기들을 어머님들이 많이 하셨던 것 같은데요.

준혁 엄마   글쎄요, 저는 별로 달라진 거는 모르겠는데요. 그냥 예전이랑 똑같은 것 같은데요.

면담자   혹은 '달라져야 한다'라고 생각하시지도 않으셨나요?

준혁 엄마   글쎄요, 생각 안 해봐서(웃음).

면담자   네, 알겠습니다(웃음). 국가나 사회, 정치적인 것에 있어서 전보다 더 관심을 가지게 되었다고 하셨잖아요. 그 말은 좀 더 좋은 쪽으로 생각하시게 된 것인가요?

준혁 엄마   아니죠(웃음). 아무리 봐도 나빠요. 볼 때마다 나빠요. 정치하는 사람들도 보면은, 제 관점에서 봤을 때는 그 사람들 하는 거 다 옳지 않은 것 같은데, 다 자꾸 이렇게 뭐라고 해야 되지, 나쁜 쪽으로만 보인다고 해야 되나. 그런 것 같애요. 좋게만은 안 보이는 것 같애요.

면담자　　　4·16에 관심 가지는 정치인들도 있었고, 분향소 방문하는 분들 있잖아요.

준혁 엄마　　박주민 의원.

면담자　　　자주 만나셨어요?

준혁 엄마　　그래도 항상 여기 와 계셨으니까, 분향소 항상 자주 오셨으니깐 제일 많이 뵀죠. 그리고 저기 윤소하 의원이었나? 거기 그분도 뵀고, 그다음에 그 누구지, 정청래? 그분도 봤고. 그다음에 그 얼마 전에 미투[미투 운동] 있었던 그 있잖아요. '82쿡'에 그게 누구지? 있어요, 그분도 자주 봤고. 그분은 저희 엄마장 하면 항상 오세요. 나 이름이 갑자기… 정봉주? 얼마 안 됐지 않아요, 작년인데. (면담자 : 맞아요, 그렇네요) 거기도. 거기는 엄마장 하면은 항상 오세요. 그 사모님이랑 같이 항상 오세요.

면담자　　　그런 분들 보면서 어떤 느낌이 드셨어요?

준혁 엄마　　나쁜 사람도 있지만 '이렇게 우리, 우리랑 같이 갈려고 저렇게 오시는 분도 있구나' [싶죠]. 뭐 세상이 아주 나쁜 사람만 있는 건 아니잖아요, 좋은 사람도 많으니까. 그렇게도 보이는데 TV 나오는 사람들은 다 나쁜 사람 같애(웃음). TV 나오는 사람들은 보면 나쁘다고 해서 뉴스에 많이 나오지. 그니까 뉴스로 보면 다 나쁜 사람이고, 와가지고 얘기 한 마디라도 건네고 손이래도 한번 잡아주고 하는 그런 분들은 '아, 저분은 좋은 분이다' 제 기준에선 그래요.

면담자 꾸준하게 계속 오신 분들 말씀하시는 거죠? (준혁 엄마 : 네) 한 번 왔다간 그런 거 아니고요.

준혁 엄마 그렇죠. 이번에 졸업식 때도 박 의원, 박주민 의원이 왔다간 것 같은데, 그죠?

면담자 뉴스를 안 봐서, 그 관련 뉴스를 못 봤어요, 제가.

준혁 엄마 그래요? 왔다 간 것 같은데, 얼핏 본 것 같은데. 무슨 일이 있을 때는 항상 오셨던 것 같애요. 그리고 저희가 일요일 날 정기 총회도 했었거든요.

면담자 가협 정기총회 말씀하시는 건가요?

준혁 엄마 네. 사단법인, 총회 했거든요. 그때도 오셨드라구요. 거리도 먼데, 그래도 무슨 일 있다 하면은 되게 열심히 오시는 것 같애요. 나랏일 하는 분들은 바쁘다 그러잖아요. 근데도 열심히 오시는 것 같애요. 한편으로는 워낙 그분이 잘하기도 했지만, 그래도 제가 봤을 때는 그분은 우리 가족들이 키웠다? 약간 그런 느낌도 없지 않아 있어요. 그리고 그분 선거운동 할 때 저희 아빠들, 엄마들이 가서 많이 도와줬고.

면담자 혹시 어머님도 가셨나요?

준혁 엄마 아니, 저는 못 갔고. 지금 재단 이사, 아빠 이사 하시는 분, 그분도 가서 열심히 하셨고.

면담자   그분과 관련해 특별히 기억에 남는 장면 있으세요?

준혁 엄마   저는 이렇게 지나가면은 그분이랑 인사 정도밖에 안 했어요. 여기 분향소 없어지기 전에 거기 자주 오셨으니까, 의원 되고 나서도 당선됐다고 인사하러 오셨더라구요. 그때 봤을 때도 인사했던 것 같고 하여튼 무슨 일이 있으면 항상 오시니까, 항상 오세요.

면담자   그렇군요. 그러면은 안산이라는 이 지역사회에 대한 생각도 변화하셨어요?

준혁 엄마   아니요. 변한 것보다도 그냥 살기는 좋아요, 솔직히 그냥 살기는. 제가 결혼생활 하고서 거의 반은 여기서 살았는데, 반은 서울에서 살고 반은 여기서 살았는데 나쁘다 좋다 그런 것보다, 그냥 지금 사는 거는 괜찮아요. 사는 거는 괜찮은데 이 추모관 그것 때문에 자꾸 부딪치니까 그게 힘든 거지. 그거 아니고는 괜찮은 것 같애요.

면담자   추모관 문제로 부딪쳤던 건 작년, 재작년이 가장 심했던 거죠?

준혁 엄마   네. 근데 보니까 그분들은 반대하는 분들은 "왜 도심에 그런 걸 집어 넣냐" 막 그러잖아요. 근데 저희 아이는 수목장 했잖아요. 그래서 저는, 저희 아이 있는 수목장 들어가는 거기 입구가 캠핑장이에요. 근데 그 캠핑장, 저희가 아이한테 가는 거는 거의 일요일 날 아침에 가거든요. 그러면 그 캠핑장에 텐트가 꽉 차 있어요. 근데 그 수목장 바로 밑인데, 거기에 그렇게 많은 사람들이 왔다는 거는 그런 게 있어도 자기네가 그런 거 캠핑을 즐기기에 전혀 문제가 없다는 얘기잖아요. (면담자 : 그렇죠) 그쵸.

근데 여기 지금 분들은 당신들이 살고 있는, 조금 가까운 분도 있고 좀 먼 분도 있겠지만, 무조건 그렇게 다 반대를 하니까 그게 조금 안타까워요. 그렇게 일부러 찾아가서도 나름의 여가를, 여가 생활도 하고 하는 분들도 많은데 '저렇게까지 반대를 해야 되겠냐' [싶어요]. 근데 그 캠핑 오는 분들은, 수목장은 약간의 봉분도 있고 그래요. 근데 저희가 하는 데는 그런 게 전혀 아니잖아요. 그냥 굳이 얘기 안 하면은 그냥 일반 건물인 거잖아요. 근데 그렇게 반대한다는 게 조금 안타까워요.

면담자　　　네. 이사하셨잖아요. 이사하실 무렵에 뭔가 동네 분위기가 달라졌다거나 그런 거 있으셨나요?

준혁 엄마　　　아니요, 그러지는 않았던 것 같애요.

면담자　　　심경적으로 이사를 결정하시게 된 이유가 있으셨나요?

준혁 엄마　　　제가 그 집에 살기가 너무 힘들어서 자꾸 그래서 "옮기자, 옮기자" 한 게[했는데도] 거의 1년 반 정도 [데] 거기 있다가 이사를 나온 건데…. 그 동네가 그렇게 저희가, 제가 살고 있는 고 동네에 희생자 애들이 세 명. 저희가 이렇게 놀이터 기준으로 둘레에 집들이 있는데, 거기에서 세 집밖에 없었어요, 저희 동네에는. 그래서 분위기가 달라지거나 그런 거는 없었던 것 같아요.

면담자   세 집밖에 없으면은 이웃들이 다 (준혁 엄마 : 알죠) 알았겠네요?

준혁 엄마   네, 알죠. 우리 건물도 다 알고 저희 건물도.

면담자   혹시 챙겨준다든가 그런 건 없었나요?

준혁 엄마   저희 옆집 동생이 좀 많이 왔다 갔다 했죠. 그리고 아래층에 우리 준혁이 친구도 하나 있는데 그 아이는 다른 학교를 다니기 때문에 그래서 거기도 많이 챙겼고, 그래 가지고 집 앞이 놀이터니까 옆집 동생이 자꾸 놀이터를 데리고 나갔어요, 저를. "집에 있지 말자"고 "밖에 나가서 바람이라도 쐬고 그러자"고 자꾸 데리고 나갔죠. 그래 가지고 거기에 많이 나가 앉아 있었어요.

면담자   네. 지금 이사하신 동네에는 그러면 유가족분들이 많이 계세요?

준혁 엄마   지금 꽤 되죠, 몇 집 되죠. 저희 동에만 해도 하나, 둘, 셋, 네 집. (면담자 : 같은 아파트 동에요?) 네. 같은 동에 거기서 저희 4반이 세 집, 그다음에 8반이 한 집. 근데 또 같은 동에 산다고 친하지는 않아요(웃음).

면담자   알겠습니다(웃음). 아파트 주민분들이 그래도 많이 심정적으로 동조해 주시고 이러세요?

준혁 엄마   아니, 전혀 모르죠. (면담자 : 새로 이사 왔으니까?) 네,
그렇죠. 원래 살고 있었으면은 '아, 저 집이 그랬다드라' 그렇게 얘
기가 나올 텐데 저는 새로 이사를 갔기 때문에 그걸 모르죠.

면담자   그럼 이야기하는 게 좀 더 부담스러우실 수도 있을
것 같아요.

준혁 엄마   근데 아파트 사니까 그렇게 왕래하는 일이 별로 없
드라구요. 그래서 그 사람들이 무슨 얘기를 하는지 날 어떻게 보는
지 그런 거는 모르겠어요.

면담자   알겠습니다. 거의 절에 나가지는 않는다고 하셨지
만, 혹시 신앙과 관련해서도 변화가 있으셨는지요?

준혁 엄마   제가 이야기했죠, 한 번. (면담자 : 네, 한 번 하셨어요)
네, 그대로예요. 별로.

면담자   어머님 말고 아버님이나 다른 분은 어떠세요?

준혁 엄마   우리 애 아빠는 그래도 절에 열심히 가요. '꼭 가야
된다'고 생각을 하고 있어요. 본인이 태어날 때 이 목에 탯줄을 감
고 태어나 가지고 자기는 "절에 꼭 다녀야 된다"고 그래요. 근데 저
는 안 믿어요.

면담자   네. 원래 사업체 하시던 거는 쭉 이어서 하시고 계신
건가요? (준혁 엄마 : 네, 그냥 그대로) 일과 관련해서는 큰 변화나 이
런 건 없으신 거네요?

준혁 엄마   네, 그냥 그대로.

면담자   현재 가장 걱정되거나 고민하는 점은 뭐예요?

준혁 엄마   지금 현재, 저 추모관 빨리 안 될까 봐. 전 그게 제일 걱정이에요. 어차피 해야 되는 거라면 '지금 문 정부[문재인 정부] 있을 때 빨리빨리 진행해 가지고 완공을 해야 된다' 생각을 하는데 이게 자꾸 늦어지면은 나중에 안 될까 봐 그게 제일 걱정이에요.

면담자   '안 될 것 같다'는 걱정은 느낌이 그러시다는 건지, 아니면 그렇게 생각하는 특별한 이유가 있으신 건지요?

준혁 엄마   느낌이, 느낌이. 이게 왜 또 수장이 바뀌면은 또 달라진다고들도 하잖아요. 그래서 지금 벌써 2년 차죠. 그러면은 3년밖에 안, 얼마 안 남았잖아요. 그러니까 그 안에 뭔가가 해결이 돼야 되는데 그게 안 돼가지고, 수장이 바뀌어서 또 흐지부지될까 봐. 근데 우리 부모님들이 한 해 한 해 가면 갈수록 갈 데가 한 군데밖에 없는데(웃음), 나이는 자꾸 먹어가는데 투쟁하기가 힘들잖아요. 그러니까 제 생각에는 1살이라도 젊을 때 뭔가가 빨리 해결이 됐으면 좋겠어요.

면담자   이제 5년이 (준혁 엄마 : 5주기) 지나면서 부모님들의 건강이 나빠진다든가 이런 걸 느끼세요?

준혁 엄마   그럼요, 많이 느껴요. 저도 작년하고 올해하고 또 틀린[다른] 것 같애요.

준혁 엄마 전미향

면담자　　　40대에서 50대가 되시죠?

준혁 엄마　　네. 50대 됐는데 틀린 것 같아요. 저는 마음은 아직도 청춘인데(웃음) 몸이 말을 안 들어요.

면담자　　　부모님들이 그런 거를 많이 이야기하시겠어요.

준혁 엄마　　네. 오늘도 밥 먹는데 저랑 동갑인 엄마[가] 있는데 그 엄마도 어깨가 안 좋아 가지고 병원에 갔다 왔다고 그러드라고요. 그런 거 보면은 고장 날 나이가 되긴 한 거겠죠?(웃음) 한 군데 한 군데 고장이 날 때가 된 것 같아요.

면담자　　　네. 추모관 관련해서는 안산시장이라든가 그런 사람들이 적극적으로 이야기하거나 그러진 않나요?

준혁 엄마　　[시장이 지금] 바뀌었어요. 더불어민주당인데 그 전에 제종길 시장이었는데, 그분이 나가기 전에 여기다가 부지를 한다 하고 확정해 놓고 물러났잖아요. 근데 그게 확정이 되고 났으면은 무조건 해야 된다고는 하드라고요. 근데 참, 정치하는 사람들이 나쁜 게 그 작년에 선거할 때 공약을 걸[었]잖아요. 근데 지금 시장되신 그 윤화섭 시장님이 처음에 제 기억에는 "여기 화랑유원지에다가 추모관[을] 설립[하는 것]을 적극지지 한다" 이런 식이었어요. 근데 어느 순간부터 그거를 "안산 시민의 뜻에 따르겠습니다" 이런 식으로 바꾸더라구요.

면담자　　　진짜 사람들의 말을 의식했네요.

준혁 엄마　　네, 그렇죠. 처음엔 "지지한다 했다"가 어느 순간부터 "시민의 뜻에 따르겠습니다" 이렇게 딱 바꾸드라구요. "그래, 정치하는 사람들이 그렇지" 그러면서 또 다들 모였을 때 또 막 욕하고, "그러면 안 된다"[고]. 저 같은 경우는 그래도 밀었어요, 그분. 다른 사람들은 다 "반대한다" 이런 식으로 공약을 걸었는데 그분은 그러질 않았으니까, 반대까지는 아니었잖아요. 그래서 [지지했죠].

면담자　　혹시 다른 당에서도 나왔나요, 녹색당이라든가 진보정당은요?

준혁 엄마　　다 많이들 나왔는데 그래도 더불어[민주당] 쪽은 다 우리를 "지지한다" 이런 식으로 해서 공약을 걸었죠.

면담자　　추모관이 확실히 자리를 잡으면 어머니 마음이 더 편하실 텐데요.

준혁 엄마　　그럼요, 그럼요.

5
준혁이 동생들의 근황

면담자　　다음 질문은 동생들에 대한 건데요. 먼저 ○○는 요새 어떻게 지내고 있는지요?

준혁 엄마　　우리 ○○요, 그냥 맨날 놀고(웃음) 아무것도 안 하

준혁 엄마 전미향

고 핸드폰만 들고 지내요(웃음). 애들 다 그러지 않나요? 나는 우리 집 애들이 그러니까 딴 집 [애들]도 다 그럴 거라고 생각해요.

면담자   어머님이나 아버님이 부모님으로서 ○○와의 관계는 어떻다고 생각하세요?

준혁 엄마   나쁘지는 않은데, 제가 어제도 그랬죠? 두 마디 이상 넘어가면은 싸운다고. 지금도 그래요, 그래도 뭐.

면담자   까칠한 사춘기라고 그러셨죠?

준혁 엄마   네. 그래도 그렇게 나쁜 짓을 하거나 속 썩이고 그렇게 다니는 아이는 아니니까, 그래도 집에서만 그러니까 그래도 괜찮아요, △△이도.

면담자   네. △△이는 어떻게 지내나요?

준혁 엄마   △△이도(웃음). 걔도 핸드폰 보고 밤에 새벽 3시, 4시까지 게임하고 늦잠 자고. (면담자 : 이제 고1이죠?) 네. 그리고 저녁 되면 학원 가고 그래요.

면담자   단원고에 들어간 게 ○○죠? (준혁 엄마 : 네) 선택을 할 수 있었는데 일부러 한 건가요?

준혁 엄마   ○○는 자기가 원했어요. 그냥 특별한 이유가 있어서 그런 건 아니고 '오빠 때문에 거기를 가야 되겠다' 뭐 그런 건 아니고, 그냥 단원고가 가고 싶다. (면담자 : 이유는 혹시 아세요?) 웃으실 텐데. (면담자 : 왜요?) 교복이 예뻐서(웃음).

면담자   (웃으며) 교복이 예뻐요?

준혁 엄마   네, 예쁘잖아요. 다른 데에 비해서 교복이 예뻐요. 그래서 자기는 "간다"[고]. 지 얘기로는 한번 그런 얘기는 하드라고 요. 그래 가지고 거기를 간다고 하길래 지원을 했죠. 근데 ○○ 때 는 형제자매들 어디를 가고 싶은지 선택을 할 수 [있었는데], 만약에 우리 ○○처럼 '단원고를 지원을 한다' 그러면은 ○○는 무조건 단 원고가 됐어요. 교육청에서 그렇게 해줬는데 우리 막내 때는 그게 아닌가 보더라구요, 막내 때는. 그게 없어졌나 보드라고요. 전화가 왔었거든요, 교육청에서. 이번에는, 예를 들어 △△이면은 '△△이 가 고등학교를 가는데 혹시 학교 지원을 어디를 했냐?' 하고 이렇 게 물어보는데 이번엔 그게 없드라구요. 그니까 그것도 없어진 것 같애요. (면담자 : 그러네요) 그니까 제가 어제 얘기했나, 자꾸 연결 고리가 끊어지는 것 같다고? (면담자 : 네, 말씀하셨어요) 그니까 그 런 식으로 하나하나 끊어지는 것 같애요.

면담자   ○○가 단원고에 간다고 했을 때 걱정되거나 하지는 않으셨어요?

준혁 엄마   했죠. 불안한 그런 것들이 없지 않아 있었고, 가면은 지는 별말 안 하지만 그래도 그 학교 분위기라는 게 있잖아요. 그 러고 매해, [매]년마다 행사도 있을 거고 그러면은 마음 아플까 봐. 애가 마음 아플까 봐 안 갔으면 했는데 괜찮다고 하니까 "그래, 그 럼 네가 선택한 거니까 가라" 그랬죠. 그래서 원서 쓸 때 1지망으로 단원을 썼죠.

면담자   그렇군요. 혹시 △△이도 단원고에 가고 싶어 했나요?

준혁 엄마   아뇨, △△이는 없었어요.

면담자   그런 생각은 없었는데, 연락도 안 온 거구요.

준혁 엄마   네. 그리고 지가 원한 데도 안 됐고.

면담자   원한 데가 또 따로 있었는데 강서고로 갔나요?

준혁 엄마   네, 원한 데는 원곡고 가고 싶다고 했었거든요. 근데 거기 안 되고 강서가 됐어요.

면담자   처음 몇 년간은 형제자매들에 대한 배려가 있었죠?

준혁 엄마   네, 많았죠. 많았다기보다는 그래도 있었는데 인제는 아예 없어요.

면담자   혹시 어떤 게 있었어요?

준혁 엄마   수업료, 수업료 지원받았죠. 그것도 있었고, 식대 그런 것도 있었다고 하고 그러는데, 저희는 우리 ○○는 1학년 때만 받은 것 같애요, 1학년 때만. (면담자 : 급식비요?) 아니, 수업료. 수업료는 지원받은 것 같고요, 급식비는 낸 것 같애요. 1학년 때까지만, 그리고 2학년 때부터는 전혀 없었어요.

면담자   고1때까지 만요, 그러면은 1년 만 있었던 건가요?

준혁 엄마   네, 저희 애 같은 경우는 1년 만이죠. 근데 그 전에부터 고등학교 다녔던 아이들은, 3년 다닌 애들은 연년생 같은 경우는 다 받을 수도 있었던 거죠. (면담자 : 그러네요) 그죠. 1학년 때부터 해가지고 쭉. 근데 우리 아이 같은 경우는 1년, 그니까 그게 좀 그런 얘기도 있었어요, 잠깐. "너무 불공평하다". 근데 '아이가 하나밖에 없어서 그런 것도 혜택 못 받는 집도 있는데' 이렇게 얘기를 하면 할 말은 없지만.

면담자   아니, 그래도 동생들이 힘들어하는 게 있는데 또 다르잖아요.

준혁 엄마   (웃으며) 네. 그런데 하나둘 이렇게 있는 집들은 다른 집들은 다 받는데 우리 애들은 하나도 못 받는 그런 경우도 있으니까.

면담자   많이 어리다든가 하면 그럴 수 있겠네요.

준혁 엄마   전혀 못 받는, 그 슬라바네 같은 경우는 지금 초등학생이잖아요. 걔는 진짜 아무것도 못 받게 되는 거죠. 그리고 형제자매가 있으면 우리 애들보다 위의 면은[손위의 형제자매라면] 대학생도 있을 거고, 그런 아이들은 대학교 등록금도 면제받고 했는데, 근데 그런 것도 전혀 없으니까.

면담자   배상 소송할 때 형제자매나 다른 가족들도 했다고 하던데요.

준혁 엄마 전미향

준혁 엄마	그렇게들도 했다고 하드라고요.
면담자	어머님은 안 하셨어요?
준혁 엄마	저는 안 했어요.

면담자 그렇군요. 형제자매 모임 같은 것도 있지 않나요, 혹시 활동을 한 적 있나요?

준혁 엄마 있다고는 하는데 연락은 한 번도 못 받았어요.

면담자 주로 큰애들 중심으로 하는 것 같아요.

준혁 엄마 네, 그랬나 봐요. 전혀 못 받았어요.

면담자 ○○나 △△이가 뭔가 하고 싶다고 한 적은 없나요?

준혁 엄마 그런 얘기는 없었고, 그리고 제가 뭔가 정보가 있어야지 애들한테 얘기를 해주는데 연락이 전혀 없어놓으니까 그거[형제자매 모임]에 대한 정보가 저도 전혀 없잖아요. 그리고 나중에 지나가지고 "누구는 어디를 갔다 왔다더라, 어디를 갔드라더라" 이런 식으로 얘기가 나오는 거죠. 그 뭐야 책 나올 때도 그랬잖아요. 그 『금요일엔 돌아오렴』, 『다시 봄이 올 거예요』 그것도 그렇고, 이렇게 전체적으로 누구[에게나] 공유를 해가지고 "써달라" 이게 아니고, 딱 누구 찝어가지고 [쓰도록 하는] 이런 식으로만 했잖아요.

면담자 알음알음 이런 식으로였군요.

준혁 엄마 네. 『금요일엔 돌아오렴』은 제일 처음에 나온 책이거든요, 그거는 정말 몰랐어요. 그거는 아마 제가 알기로도 모르는 사람이 훨씬 많았을 거예요. 나중에 책이 나와가지고 "이게 무슨 책이야?" 이렇게 됐을 정도였으니까. 근데 두 번째 그 형제자매가 쓴 거 그거는, (면담자: 『다시 봄이 올 거예요』) 네. 그거는 좀 알았죠.

면담자   휘범이네 참여했다고 들었어요.

준혁 엄마   네, 그래서도 알았고. 그때는 약간 정보 공유를 좀 했던 것 같아요, 두 번째부터는.

면담자   공유를 해야 된다는 거를 알았군요. (준혁 엄마: 네, 그러니까요) 어머니 페이스북을 제가 찾아봤었는데, △△이가 포스트잇 썼던 거 기억나실지 모르겠어요. (준혁 엄마: 어, 알죠) 그때 초등학생이었던 △△이가 책상에 붙여놨던 거 올리셨던 거요.

준혁 엄마   그렇죠. 저한테 보여준 게 아니에요, 그것도. 지가 쓴 거를 어디다가 이렇게, 제가 걔 책상을 정리를 했었나. 이렇게 하다가 보니까 그게 딱 있는 거예요. 그래 가지고 전 되게 깜짝 놀랐죠. 그니까 표현을 안 하는 아인데, 또 애니까 더 표현을 안 하잖아요, 애들이. 또 머시매라서 더 표현을 안 하는데 '이런 생각을 가지고 있구나'라는 걸 알았죠(웃음).

면담자   (한숨) 동생분, 형제자매분들도 심리 상담이라든가 온마음센터를 이용할 수 있도록 나라에서 지원을 해주지 않나요?

준혁 엄마   했던 걸로 알아요. 근데 우리 애들은 "안 받는다"고도 하고. 그러고 "엄마가 보는 거하고 엄마 외에 다른 남이 보는 거하고 애가 좀 다를 수 있다"고는 하는데, 제가 학교에서도 상담[을] 받았다 그랬잖아요. 학교에서도 "아무 지장이 없다" 이렇게 얘기를 하니까 굳이 받을 이유는 없었던 것 같아요.

면담자   네. 그럼 ○○랑 △△이에게 어머님이 바라는 점이 있다면 어떤 거예요?

준혁 엄마   엄마들 욕심은 다 공부 좀 했으면(웃음) 그러죠. 근데 공부 너무 안 해서 걱정일 때는 "공부 좀 해라. 지금 엄마, 아빠가 하라고 할 때, 이때가 니네가 제일 행복할 때"[라고 하는데], 부모님이 "엄마, 아빠 클 때는 하고 싶어도 못 했는데, 지금은 니들 지원해 준다 할 때 해라" 그러는데 애들이 안 하잖아요. 그래서 그게 좀 걱정이긴 한데, 그거는 제 맘대로 될 수 있는 것도 아니고 그냥 안 아프고 성인 돼가지고 지 앞가림만 했으면 좋겠어요. 별다른 거 바랄 거는 없고, 그니깐 남들만큼만 살면 되죠. 아주 잘살라 하는 것도 아니고, 그냥 아프지 않고 그냥 남들 사는 것만큼만 살면 되니까, 그거 이상은 안 바래요.

6
준혁이 이야기

면담자   준혁이 장래 희망이 중국 전문가였다고 하는 기사를 봤어요. 어머님 알고 계셨어요?

준혁 엄마   이건 제가 알고 있었죠. 그게 중학, 고등학교 1학년 때였던 것 같애요. 진로 상담 같은 거 있었나 보드라고요. 근데 그 선생님이 중국에 대해서 얘기를 해주셨대요. 그러면서 "중국에 가면은 거긴 인구도 많고 땅도 넓고 하기 때문에 우리들이 할 수 있는 일이 많지 않겠냐" 그런 얘기를 했나 봐요. 그래 가지고 저한테 그러더라구요. 자기는 "나중에 중국에 가서 뭔가를 했으면 좋겠다"고. 그래 가지고 "니가 왜, 니가 가서 뭐 하게?" 그랬더니 "선생님이 그런 얘기를 하셨다"[고] 그러면서 가면은, 여기서 할 수도 있겠지만, "거기 가면은 더 많은 일을 할 수 있지 않을까?" 해서 "중국에 가서 뭔가를 해보는 것도 괜찮겠다 싶다"고 얘기를 한번 했어요. 그래 가지고 제가 그걸 기억을, 어떻게 하고 있었네요. 다른 거는 모르는데 그 얘기를 해가지고 "아, 그래? 그러면은 뭔가를 할려면은 네가 목표가 생겼으면은 제일 먼저 해야 될 게 공부야"(웃음), "공부 열심히 해. 그러면 뭐가 됐든 되겠지", 근데 안 했죠.

면담자   꿈이 되게 기특하네요.

준혁 엄마   저도 그런 얘길 할 줄 몰랐는데….

면담자   구체적으로 딱 설정한 거잖아요.

준혁 엄마   그래서 선생님이, 진로 선생님이 "그런 이야기를 했다고 괜찮은 것 같다"고. 저희 준혁이가 좀 말이 많아요. (면담자 :

좀 활달하군요) 남자아이치고는 재잘재잘 잘 떠드는 편이에요. 학교에서 무슨 일이 있었고 누가 어쨌고 그런 이야기를 잘 하는 편이었어요. 그래서 "시끄럽다고"(웃음), "말 좀 그만하라"고 할 정도였어요, 말이 많아 가지고(울음).

면담자　　　준혁이 동생은 말이 별로 없다고 하셨잖아요.

준혁 엄마　　우리 애들은, 밑에 애들은 안 그런데, 준혁이는 또 의외로 재잘재잘 잘 떠들었어요.

면담자　　　엄마랑 이야기를 가장 많이 나누는 아이였군요?

준혁 엄마　　네. 지금 저희 애 둘보다, 우리 준혁이하고 이렇게 비교를 해보면 준혁이는 많은 얘기를 했어요. 우리 애, 지금 애들은, 우리 집에 있는 애 둘은 뭐 물어보면은, 한 번 물어보고 두 번째 물어보면 성질내요. "똑같은 거 왜 자꾸 물어보냐"고. (면담자 : 역시 고등학생) (웃으며) 네, 근데 ○○는 아니[그렇지 않지만] 준혁이는 그래도 주절주절 잘 떠들었어요.

면담자　　　맏이로서의 무언가가 있군요.

준혁 엄마　　없지 않아 있나 봐요. 우리 아까, 제가 그랬죠, 옆집 동생이 많이 도와줬다고. 그 동생이 그래요. "준혁이가 정말 착했어" 그러더라고요. 그 친구가, 옆에 그 동생이 혼자 애를 키우고 있는데 그 큰애는 이제 중학교 3학년 올라가고 막내가 초등학교…, 걔가 이제 4학년 되나 보구나. 근데 그 애를, 옆집에 살면서, 그 애가 초등학교 4학년 되는 애가 백일 때 저희 옆집으로 이사 왔거든요. 그[레]니까 애기 때부터 본 거잖아요. 근데 웬만한 애들 같으면 그런 거 안 했을 거예요. 그 엄마가, 그 옆집에 그 동생이 일을 다니기 때문에 이 막내 애기를 놀이방에 보내요. 그러면은 제가 준혁이한테 "야, 하랑이가 놀이방에 있는데 니가 좀 가서 데리고 와야 된다" 그러면은 지가 가서 데리고 와요. (면담자 : 진짜 착하네요) 네, 그러면서 저기 우리 그 동생이 "준혁이가 정말 착하다"고 "애들이 그런 거 안 하는데 어떻게 그렇게 그런 걸 하냐"고 [했어요].

그리고 그 애기가 언제드라, 작년엔가 재작년에 분향소가 있었 잖아요. 걔는 그 분향소에 오빠가 있다고 생각을 했어요. 그래 가지고 가끔 가다 가가지고 오빠 사진, 저희 준혁이가 제일 앞자리였거든요. 그래 가지고 오빠한테 가서 꽃도 놓고 자기가 글씨 쓴 것도 갖다놓고 그림도 그려놓고 그랬는데, 작년에 한번은 그 수목장엘 데리고 갔어요. 둘이서 그 동생이랑 데리고 갔는데, 애가 그러는 거예요. 집에 오는데 "엄마", 걔가 그 동생한테 "엄마, 준혁이 오빠가 저기 있는 거였어?" 그러드래요. 그래 가지고 "어, 오빠 저기 있어" 그랬더니 "그러면은 여적[여태껏] 엄마랑 이모랑 나 속인 거야?" 그러더래요. 그래서 "뭘 속였는데?" 그랬더니 그 분향소에 자기는 오빠가 있는 줄 알았는데(웃음), "오빠가 수목장에 있다"고 하니까 "여적[여태껏] 왜 자기를 속였냐"고, "오빠는 여기 있다고 얘기를 해줘"야 되는데(웃음), "왜 거기 있다고 그래 가지고 맨날 거기다 갖다놓게 하냐"고 그러면서 "오빠 생각나면은 눈물 난다"고 [한대요]. 애가 기억을 하고 있는 거예요, 오빠를(울음).

면담자   자기를 챙겨주던 오빠를 기억하고 있군요.

준혁 엄마   응. 저녁에 문 열어놓고 살았으니까 저녁도 맨날 같이 먹고, 게임하면은 데리고 와서 놀고 막 그래 놓으니까 기억을 하고 있더라구요. 하여튼 착하긴 착했어요.

면담자   수목장은 가족묘로 하시는 건가요?

준혁 엄마   [가족묘로] 해도 되고 그냥 저희 아이만 있게 해도 돼요. 처음에 할 때는 가족장으로 할려고 하긴 했는데, 이번에 그 시누들하고 그러는[갈등이 생긴] 바람에 제가 절대 안 된다고 했어요, 아무도 못 들어온다고.

면담자   거기 그 사진 보니까, (준혁 엄마 : 할머니하고) 시아버님이신 거예요?

준혁 엄마   네, 아버님. 그렇게 돼 있어서 내가 그것도 갈을 거거든요. 그냥 준혁이 이름만 되게[있게] 해놓을 건데, 거기도 "절대로 안 된다" 그랬어요. 아버님도 안 되고 어머님도 안 되고 아무도 안 된다고.

면담자   준혁이만 거기에 있나요?

준혁 엄마   네. 원래 저희 반에 성호, 성호도 거기 있었어요. 근데 성호는 딴 데로 옮겨갔고.

면담자   그 나무에는 원래 가족 다 같이 할려고 계획하셨던 건데 바꾸신 건가요?

준혁 엄마   꼭 그런 것보다도 하여튼간 '할머니, 할아버지가 저희보다는 먼저 가실 거다' 생각을 하고, 할머니, 할아버지 고런 것까지 쪼끔 생각은 했는데, 이번 일로 인해서 저는 "절대 안 된다"고 반대한다고 그랬어요.

면담자   지금 거기에 준혁이만 있는 건가요?

준혁 엄마   네, 아직 안 돌아가셨으니까.

면담자   그럼 정말 준혁이 나무네요.

준혁 엄마   네, 그렇죠. 그래서 처음에 갔을 때 준혁 아빠가 그러더라구요. "그냥 준혁이 대신에 키운다고 생각을 하자, 나무를" 그래 가지고 갈 때마다 이렇게 이발도 해주고(웃음), 나무 예쁘게 잘라주고 그러고 와요(울음).

면담자   진도에도 무슨 숲이 있다고 들었는데요. (준혁 엄마 : 못 가봤어요) 저도 지나치기만 했는데 그거는 다 한 명 한 명 배정이 됐나요?

준혁 엄마   네, 그랬다 그러더라구요. 그래 가지고 거기에다가 준혁이 사진하고 갖다 붙여놨어요.

면담자   준혁이 이름은 직접 지으신 거예요?

준혁 엄마 전미향

준혁 엄마	할아버지.

면담자	할아버지가 돌림으로 동생이랑 지어주신 건가요?

준혁 엄마　아뇨. 동생은 안 지어줘 가지고, 막내는. ○○까지는 아버님이 해주셨는데 막내는 출생신고를 해야 되는데 이름을 안 지어주시는 거예요. 그래 가지고 저희가 지었어요, 그냥. 나중에 우리 막내가 들으면 서운해할 수도 있는데, 그래도 저희는 할 말이 있죠. "그래도 너는 엄마, 아빠가 지어줬어" 그럴 수 있으니까, 그렇게 우겨야죠, 나중에는.

면담자　페이스북도 들어가 봤는데 2014년 이후에 계정을 만드신 것 같더라구요. (준혁 엄마 : 네) 그 전에는 안 하셨던 거죠? (준혁 엄마 : 네, 전혀 안 했어요) 준혁이는 했나요?

준혁 엄마　했어요, 준혁이는 했어요. 보면은 친구들하고, 저도 준혁이한테 들어가 보는데 친구들하고 페이스북을 했더라구요.

면담자　그러면은 그 계정도 어머님이 관리하실 수 있으세요?

준혁 엄마　했었는데 지금은 전혀 안 해요, 아예 안 들어가는 걸로. 준혁이가 이메일은 저랑 같이 썼거든요. 제 메일이랑 같이 썼기 때문에 그 페이스북도 제가 이렇게 바꿀 수가 있드라고요. 그래서 처음에는 제가 좀 봤는데 지금은 안 들어가요.

면담자　이메일은 어떻게 같이 쓰게 되셨어요?

준혁 엄마　그때는 준혁이가 이메일, 그런 게 별로 많이 사용을 안 하잖아요, 애들이. 우리야 가입할래면은 이메일 주소 써야 된다니까 무조건 있어야 되는데, 애들은 그런 게 없으니까 엄마 걸로 쓴다고 그래 가지고 "그래 써라" 그랬는데 그게 그렇게 된 거죠.

면담자   그러셨군요. 엄마랑 공유하는 게 많았던 것 같네요.

준혁 엄마   그래도 많이 있다고 생각을 해요, 아빠보다는 제가 더 많죠.

면담자   준혁이 동생들보다도 많이 공유하신 것 같구요.

준혁 엄마   네, 그렇죠. 그[러]니까 저는 다른, 몰라. 다른 분들은 어떤지 모르는데, 친구도 웬만한 친구들은 다 알아요. 이름도 다 알고, 얼굴도 알고 다 알아요. 누구랑 제일 친했고 그런 것도 다 알죠.

면담자   그러면 두 분이 정말 친했던 거네요. (준혁 엄마 : 그렇죠) 엄마한테 다 터놓고 이야기했고요.

준혁 엄마   근데 남자애들이니까, 한번은 고등학교 1학년이었던 것 같애요. 애가 저한테 담배를 피다가 걸렸어요(웃음). 남자애들이니까 그럴 수 있다 생각은 하는데, 제가 어딜 갔다가 버스에서 내려서 저희 들어가는 골목으로 쭉 걸어가는데 저희 애가 저보다 앞에 걸어가고 있는 거예요, 친구랑. 그런데 안 불렀어요, 뒤에서. 그냥 냅뒀는데, 저희 집은 가다가 분명히 일[이리]로 꺾어야 되는데 애들이 직진을 하는 거예요. 그래 가지고 그냥 어디 가나 보다 보고선 이렇게 있는데 저 앞에 갔는데 애들이, 남자애들이 지 친구 여럿이 모여 있는 거예요. 그래 가지고 옆에서 요렇게 봤더니 애들이 담배를 피드라구요.

그래 가지고 일단 집에 들어갔어요, 제가. 가가지고 전화를 했죠. (면담자 : 고민을 하셨겠네요) 네. '이거를 어떻게 잡아야지 잘 잡았다고 소문이 날까' 그러면서 전화를 했어요. "어디냐?" 그랬더니 "PC방"이래요. 그래 가지고 "너 거짓말하지 말고, 너 거기서 뭐 하냐?"고 "너 빨리 와" 그랬더니 눈치를 챘는지 얼른 뛰어왔드라구요. 집에 그래 가지고 "일로 와" 그랬더니 오자마자 무릎을 딱 꿇고선 앉더라구요. "손 내밀어 봐" 그랬더니 "왜에…" 그러는 거예요. "내밀어 봐" 냄새 맡으니까 담배 냄새가 나죠. "이런 거 하지 마. 이게 뭐 좋은 거라고 해, 하지 마. 너 엄마[가] 처음이니까 봐주는데 또 걸리면은 혼난다" 그러고서 "절대 하지 마라"[고] 그러고선 봐줬죠.

근데 계속했겠죠(웃음). 그 이후로는 걸리지는 않았는데 했겠죠. 그런데 아빠한테는 얘기를 안 했고, 그냥 혼자만 알고 있었어요. 근데 나중에 일 터지고 나서, 그리고 나서 "이런 일도 있었다" 하고 얘기했더니 "머시매니까 그럴 수도 있지" 그러더라구요(웃음). '애[가] 그럴 수도 있다' 생각을 하니까 굳이 뭐라고 크게 혼은 안 냈어요.

면담자   아버님도 담배 태우시나요?

준혁 엄마   폈는데 지금은 안 하고, 본인도 "어릴 때부터 했으니

까 그럴 수도 있다" 그러더라구요. (면담자 : 이해를 해주셨군요) 그
래서 쿨하게 넘어갔어요. 자기는, 준혁이는 되게 혼날 거라고 겁먹
고 아마 들어왔을 거예요. 근데 '그냥 그럴 수도 있겠다' 싶어 가지
고 그냥 "하지 마라" 하고 넘어갔죠. 그러니까 그런 얘기를 제 친
구한테 했더니 "너 그걸 가만뒀냐?" 그러더라고요. 그래 가지고 "가
만둬야지, 다 큰애를 내가 뚜들겨 패기를 하겠어, 뭘 [어떻게] 하겠
어. 타이르는 방법밖에 없지" 그리고 말했더니 자기[라면] "가만
안 뒀다"고 그러더라구요. 그래서 "야, 가만 안 두면 뭐 어쩔 건데,
그냥 말하고선 될 수 있음 안 하게끔 해야지" 그러고 말했어요.

면담자　　　아버님한테 바로 얘기도 안 하시고요.

준혁 엄마　　네, 일 터진 다음에 얘기했어요.

면담자　　　알아서 잘할 거라고 믿으셨던 거네요.

준혁 엄마　　네. 믿기는 믿었는데, 그냥 계속했을 거라고 알아요
(웃음).

면담자　　　남고생들 엄청 피우죠?

준혁 엄마　　그러니까요. 우리가 이렇게 다녀보면은 애들 피는
것 보잖아요. 그니까 또 아빠도 그러고, 아빠도 피니까 쉽게 못 끊
는다는 걸 알잖아요. 그러니까 "좀 주의하라"고는 얘기하죠.

면담자　　　그런 이야기를 뭔가, 언론에서는 되게 모범생으로
착한 아이들로 이야기를 많이 하잖아요. (준혁 엄마 : 그쵸) 물론 어

머님께선 이렇게 얘기를 해주셨지만 언론에서 하는 보도 보면서 어떤 생각하셨는지 좀 궁금해요.

준혁 엄마 　　그러니까요. 그게 좋은 말만 썼다고 해야 되나 그런 것도 있고, 이번에 4·16 그때도 언론플레이 한 게 거짓이 되게 많았잖아요. 그런 거 보니까 '기자가 결코 좋은 사람들은 아니다' 그런 것도 많이 느꼈고, 만약에 그런 걸 하는 사람들이라면 진짜 뭔가 글을, 어디서 봤더라. "입으로만 사람을 죽일 수 있는 게 아니고 펜으로도 죽일 수 있다" 그러잖아요. 딱 그 기자들이 그런 것 같애요. 글 하나 쓰고, 이렇게 쓰고 저렇게 쓰고 고 차이로 '사람 하나 죽이는 거는 우습다'고 생각할 것 같애요. 그니까 기자들도 좀 잘해야 될 것 같애요.

면담자 　　《오마이뉴스》였는데 안준혁 군 유족 대표라고 허위 (준혁 엄마 : 네, 그러니까) 보도한 적이 있었잖아요. 그래서 어머님은 더더욱 많이 분노하셨을 것 같애요.

준혁 엄마 　　그러니까요. 근데 그거를 어디다 하소연을 해요. 《오마이뉴스》? 거기다 얘기해야 돼요, 그런 거 삭제해 주라고?

면담자 　　《오마이뉴스》 같은 경우는 시민 기자 형태여서 기자들 다 관리를 하는 게 아니라 다른 형식일 텐데요.

준혁 엄마 　　그러니까요, 그럴 것 같애요. 그냥 우리가 많이 접하는 MBC, KBS 이런 식이 아니라서 거기는 어떻게 해야 될지를 모르겠더라구요, 생각을 해보니까. 선생님이 저한테 엊그저께 그런 얘길 하셔서 저는 그 기사를 봤기 때문에 알고 있는데, 그 얘기 듣고 나서 집에 와서 생각을 해보니까 이거를 어디다가 어떻게 얘기를 해가지고 내리라고 해야 되나 싶드라구요.

〈비공개〉

면담자   이때 언론이, 기사들이 얼마나 왜곡이 심했는지 잘 보여주는 것 같아요.

준혁 엄마   그러니까요. 그날도 계속 "전원 구조"라고 계속 나왔잖아요. 그날도 우리 팽목 가 있을 때였나. 팽목 가 있을 때, 저희 팽목에 있고 그 조명탄이었죠. 위에 밝게 펑펑 터뜨리는 거, 그게 이렇게 펑펑 터지는 게 보여요, 팽목에서. 그러면은 그게 보일 정도면은 되게 가까운 거리라고 생각을 하는데, 그 팽목에서 거기까지 가는 거리가 상당히 멀드라구요. 그러니까 다이렉트로 쭉 가는 게 아니고, (손짓을 하며) 이렇게 이렇게 꼬불꼬불해 가지고 거길 가더라구요.

그런데 우리는 그거 펑펑 터뜨릴 때 거기에서 뭔가 작업을 하고 있는 줄 알았어요. 근데 아무것도 안 하고 있는 상태였어요. 근데 TV나 그런 데서는 "작업을 하고 있다"고 나왔잖아요. 그러니까 나쁜 사람들이지, 확인도 안 하고(헛웃음). 그 사람들도 분명히 '그 터지는 거 보고서 뭔가를 하고 있다'고 생각을 했을 거예요. 확인 안 하고 "아, 저걸 하니깐 분명히 저기서 뭔가를 하겠다" 하고서 기사를 썼겠죠. 근데 아무것도 안 하고 있었어요, 그 당시에. 아빠 친구들이 그때 배에 타고 현장을 갔다 왔거든요, 팽목에서. 근데 그때 전화도 안 터지고 카톡만 됐어요. 카톡으로 이렇게 사진을 쭉쭉 보내주드라고요. 근데 "아무것도 안 하고 있다"고 아빠 친구들이 그러더라구요, "아무것도 안 하고 있다"고. "할 수 있는 게 없다"고 그러더라고요(한숨).

면담자　　기자들이 분향소나 이런 데도 계속 왔을 거잖아요. 얼마 전에 졸업식에도 오고요. (준혁 엄마 : 정말 많이 왔어요) 그런 모습을 보면서 어떻게 생각하셨는지요?

준혁 엄마　　저는 피해 다녔어요. 뭔가를 물어볼 것도 같고, 나는 그런 거 싫거든요. 괜히 뭔가를 물어보면은 또 눈물 나올 것 같고, 그래서 저는 말씀 드렸듯이 인터뷰고 뭐고 그런 건 아무것도 안 했어요. 싫었어요, 와가지고 사진 찍고 막 그러는 거.

면담자　　우는 어머님들 사진 이런 거요?

준혁 엄마　　네. 저는 그런 게 너무 싫었어요.

면담자　　혹시 그럼 기자들이, 언론에서 보고 연락이 온 경우도 있으셨어요, 준혁이 이야기해 달라고 연락 온 경우는요?

준혁 엄마　　아니요, 저거만 했죠. 그 뭐지? 『약전』말고 ≪한겨레신문≫에.

면담자　　≪한겨레신문≫에 돌아가면서 편지 실은 거요?

준혁 엄마   네, 고거만 하나 했죠.

면담자   거기에 중국 전문가 이야기 있었죠?

준혁 엄마   네, 그거만 하나 했죠.

면담자   그건 어머님이 얘기하신 건가요?

준혁 엄마   아뇨. 제가 써가지고, 제가 직접 써가지고 주는 거죠.

면담자   그럼 거기에 식당 이야기도 어머님이 써서 주신 건가요?

준혁 엄마   네. 친구들이(웃음), 이게 그 롤링페이퍼 있죠, 졸업할 때 이렇게 서로 교환하고 애들 돌아가면서 다 한마디씩 쓰잖아요. 거기에 그런 게 있었어요. (면담자 : 나중에 보셨군요) 네. 나중에 애 거 하나하나 정리하면서 추릴 거 추리고 이렇게 하다가 보니까 그런 게 있드라고요. "먹는 것도 좋아하고 잘 먹게도 생겼고 그러니까 나중에 식당 하라고, 그러면 꼭 간다고".

면담자   친구들은 연락이 온다거나 하나요?

준혁 엄마   초창기에는 그래도 전화도 가끔 오고 제가 만나서 아이들 밥도 좀 사서 멕이고 그랬는데, 애들도 대학교 가고 성인되고 군대 가고 그러니까 멀어지죠. 그래도 길에서 보면은 항상 반가워해요. 한 번씩 보면은, 우연이래도 한 번씩 보면은 반가워하고 인사도 하고 안부도 물어보고, [우리] 애들 "○○, △△이 잘 있냐"고 물어보고. 맨날 저희 집에서 놀았으니까 애들도 다 아는 거예요, 동생들. 그러니까 물어보고 그러더라구요.

면담자　　　　교실 방명록에도 많이 써놓은 것 같더라구요. 어머님이 쓰신 것도 있고 친구들이 쓴 것도 있고요.

준혁 엄마　　　네, 있죠. 저도 오면은 항상 한 마디씩이래도 쓰고 가고 그래요. 친구들, 처음에 친구들도 되게 힘들어했어요. 편의점에서도 한번 만나서 애들[이랑] 음료수 먹으면서 애들[이랑] 한 번씩 얘기했고, 밥도 한 두어 번 [같이] 먹은 것 같애요, 제가 불러서. 그리고 그 일 터지고 저희 준혁이는 빨리 나왔잖아요. 그래서 장례도 빨리 치렀고. 근데 늦게, 저희보다 뒤로 오는 친구들, 제가 알고 있는 친구들은 다 조문도 갔어요, 저는. 제가 알고 있는 친구들은.

면담자　　　　어머님이 조문을 가셨다고요?

준혁 엄마　　　네. 제가 다 갔다 왔어요, 알고 있는 친구들은.

면담자　　　　굉장히 많이 힘드신 상황이었을 텐데요.

준혁 엄마　　　그래도 만약에 우리 준혁이가 생존자였으면은 우리 준혁이도 꼭 갔을 자리잖아요. 그래서 제가 다 갔어요, 알고 있는 자리는. 그래 가지고 [준혁이] 친구들한테 연락해 가지고 친구 중에 제가 이름을 알고 있는 친구들이 있잖아요. 그래 가지고 "누구, 누구, 누구가 만약에 연락이, 올라왔다는 얘기가 있으면 나한테 꼭 좀 알려줘라" 그래 가지고 이렇게 친구들이 연락을 해주드라고요. "어머니 누가 올라왔대요, 어느 병원이래요" 그러면 가고, 아빠랑 같이 갈 때도 있고 저 혼자 갈 때도 있고. 그래 가지고 우리 준혁이 장례 치렀던 데도 갔다 왔고, 같은 장례식장 그리고 고대병원, 한도병원. 고대, 한도 이렇게 갔다 온 것 같아요. 제일 친한 친구는 생존자고, 같이 많이 친했던 친구는 고대에서 했던 것 같아요. 그래서 거기도 갔다 오고, 그[러]니까 갈 수 있는 데는 다 갔어요. 그[러]니까 부모님들끼리 알아서 간 거는 전혀 없었고(한숨). 그 당시에 진짜 '나한테 이런 일이 있을 거'라고는 생각도 못했죠. 누구나 다 그랬을 거예요. 눈이 또 오네요(웃음). 집에 가기 힘든데 눈 많이 오면.

7
앞으로의 계획과 목표

면담자   (웃으며) 이번 질문은 상당히 무거울 수도 있고 거창할 수도 있는 질문인데요.

준혁 엄마   어려운 거면 하지 마요(웃음).

면담자   어머님이 앞으로의 삶에서 추구하고자 하는 한 가지 목표가 있다면 무엇일까요?

준혁 엄마   이건 현실에서 가능하질 않을 텐데(웃음). 우리 아들이 왔으면 좋겠어요 다시, 근데 그건 불가능하고(한숨). 글쎄요, 그런 건 전혀 생각을 안 해봐서…. 그래요, 전혀 생각을 안 해봤어요.

준혁 엄마 전미향

면담자   앞으로 어떻게 사시겠다든가 어떻게 살면 좋겠다든가 하는 생각 안 해보셨어요?

준혁 엄마   그게 참, 요새 같은 경우는 다른 부모님들도 삶의 의미가 별로 없을 것 같은데, 다 그렇지 않을까? 그럴 것 같애요, 다들.

면담자   준혁이 동생들도 있잖아요.

준혁 엄마   (웃으며) 지금까지 키워놨으니깐 성인, 얼마 안 있으면 성인인데 앞가림은 하겠죠…(울음). 이렇게 페북에 보면은 가족들, 엄마들이 이렇게 글 써논 거 보면은 그런 것도 많아요. "엄마가 너무 늙어서 보러 가면은 못 알아볼까 봐" 그런 걱정 하는 거. 그거는 저도 걱정을 좀 했는데 그런 거 말고는, 그런 거 말고는 별다른 거 생각을 안 해본 것 같애요.

면담자   사후 세계가 있어서 만날 수 있으리라고 생각하시는 거네요.

준혁 엄마   네, 그렇죠. 그니까 극단적으로 생각을 하면은 지금 가면은 얼마 안 됐으니까 날 알아볼 수 있을 것 같고, 더 나이 먹어서 호호 할머니 되면은 날 못 알아볼까 봐, 그게 걱정되는 거 중에 하나였죠(울음).

면담자   괜찮으세요?

준혁 엄마   뭐 물었어요?

면담자 아뇨. 멈출까 해서요.

준혁 엄마 아니, 괜찮아요, 괜찮아.

면담자 그래도 준혁이 만나기 전에 "이거는 엄마가 했어" 하고 이야기하고 싶은 목표가 있다면 뭘까요?

준혁 엄마 글쎄요. "엄마가 살아 있는 동안에는 널 위해서 할 수 있는 거는 다 했다, 엄마가 할 수 있는 한에서는 다 하고 간다" 그런 거, 뭐가 있을까요. 투쟁?(웃음) 잘 가지도 못하는 투쟁?

면담자 진상 규명 같은 얘기 많이 하시잖아요. 진상 규명은 어머님께 어떤 의미예요?

준혁 엄마 꼭 해야 되는 거죠, 그거는 무조건. 뭘 더하고 빼고 그런 거 없이 무조건 해야 되는 게 진상 규명이죠. 애들이 왜 그렇게 됐는지, 누가 시켰는지, 그런 거는 꼭 밝혀야 되는 거(한숨).

면담자 진상 규명에 대해서 전망을 갖고 계세요? (준혁 엄마 : 앞으로?) 네, 앞으로 어떻게 될까요?

준혁 엄마 되겠죠(웃음), 무조건 되겠죠. 누가 그랬는지 누군가는 시켰을 거 아니에요. 그 사람 무조건 밝혀야 되는 것 같고, 꼭 밝혀야 되죠.

면담자 밝히고 처벌하고요.

준혁 엄마 네, 그럼요. 해야죠, 그거 꼭 해야죠.

준혁 엄마 전미향

면담자   진상 규명을 위해서 여러 가지 활동들을 쭉 해오셨
잖아요, 가족분들이. 어머님도 아쉬운 점도 있다고 얘기도 하시고,
활동하지 못하는 그런 가족분들도 많이 계시고, 흩어진 분들도 계
시고 한데, 그런 거에 대해서는 어떻게 평가를 하세요?

준혁 엄마   글쎄요. 되게 어려운건데, 저는 많이 참여를 안 해서
그냥 따라다닌다는 그런 입장이었기 때문에, 솔직히 해야 된다는
거는 알지만 그게 내용이 어떻다는 거는 제가 자세히는 다 몰라요,
솔직한 얘기로. 그냥 무조건, 진상 규명도 무조건 해야 되는 거고
나쁜 사람 처벌하는 거도 무조건 해야 되는 거고 그 정도만 아는
거지. 그거에 대한 자세하게[한] 내용은 전 몰라요, 솔직한 얘기
로. 근데…(한숨), 그걸 뭐라고 해야 되나…(침묵). 이 말을 많이
안 하니깐 단어가 생각이 안 나(침묵). 그냥 나쁜 사람들 다 혼내줘
요(웃음).

면담자   뭔가 가족들 사이에 서운한 것도 느끼실 때가 있었
어요?

준혁 엄마   초반에는 [정보] 공유들이 너무 안 돼서 그게 제일 그
랬는데[서운했는데], 몰라 지금은 어떻게 보면은 약간의 세력 다툼?
가족들끼리도 약간의 그런 게 없지 않아 있어 보여요. 그래서 그런
게 좀, 내가 만약에 그런 감투를 쓰고 앉아 있으면은 나를 향해서
"쟤가 뭘 감투 하나 쓰니 저렇게 됐다" 그런 얘기 할 수도 없지 않
아 있겠지만, 지금 제가 봤을 [때], 제가 느끼는 시점에서는 감투 하

나씩 쓴 분들이, 이 힘이 너무 쎄진 것 같애(웃음). 너무 쎄진 것 같애. 그니까 자의든 타의든 간에 뭔가 감투를 썼으면, 썼는데 그게 정말 '대단한 거를 내가 가졌다'고 생각을 하는 것 같애요, 그분들이. 그거는 가협이든 어떤 일이든 간에 일을 하시는 분들이 대단한 거는 인정은 하는데, 그래도 그 초심, 초심[을] 잃지 말고 했으면 좋겠는데 목에 너무 힘이 들어갔다 그러죠. 좀 그런 게, 저는 조금 보이는 거 같애요. 그래서 그게 조금 안타까워요.

면담자   만약에 그런 세력 다툼 같은 게 있다면 왜 일어난 거 같으세요?

준혁 엄마   글쎄요, 욕심이라 그래야 될까요. 욕심 때문에 그러지 않을까요? (면담자 : 어떤 욕심일까요?) 글쎄, 그걸 뭐라고 얘기를 해야 되나. 금전적으로 그런 거는 아니고, 전혀 아니거든요. 금전적으로 할 것도 없지만, 글쎄요. 그걸 어떤 욕심이라고 해야 될까?

면담자   더 잘하기 위한 욕심일까요?

준혁 엄마   그니까 내가 감투를 썼음으로 인해서 모든 게…, 내가 감투를 썼으면은 나보다 더 밑에 사람들이, 어차피 엄마, 아빠들은 똑같은 입장인데 그래도 '내가 대장이니깐 밑에 사람들은 다 나를 따라야 된다' 그게 굉장히 강해지는 것 같애요. 근데 저희 엄마, 아빠들은 그런 걸 또 못 봐주죠. 말로 죽이든 뭘로 죽이든 하긴 하는데, 그런 게 조금 잘못됐다고 해야 되나. 좀 그래 보여요. 안 좋게 보여요.

면담자	부모님들이 잘 따르지 않으세요?

준혁 엄마 잘 따르는데 뭘 "이렇게 하자" 하면 잘 따르는데, 내가 대장인 이 사람이, 내가 예를 들어서 반장이에요. 반장이면은 "애들아 이거 해가지고 같이 하자" 해야 되는데, 그게 아니고 이 반장이 "너 이거 해, 너 이거 해" 이렇게 해버리면은 안 따르죠. 안 따르잖아요. 지금 현재에 제가 봤을 때는 그런 상황이 좀 보여요. 너무 자기 혼자서 독단적으로 명령조로 이렇게 돼버리니까, 서로 의논들을 해서 서로 공유해 가면서 "이건 이렇게 했으면 좋겠다. 저건 저렇게 했으면 [좋겠다]" 서로 공유를 하면 좋은데, 나 혼자의 독단적인 행동을 하니까 그게 좀 마음에 안 들죠.

면담자 그런 거에 대한 비판도 공개적으로도.

준혁 엄마 공개적으로는 안 하죠(웃음), 모이는 사람들끼리만. "걔, 그 엄마 왜 그랬대?" 이 정도죠, 공개적으로는 안 하죠. 그런 대장을 맡았다는 것만 해도 감사하니까. 내가 못하는 거를 하니 그거는 되게 감사한 일인데, 그래도 서로 의논을 해가면서 진행을 하면 좋은데 그거를 안 하니까, 모든 걸 독단적으로만 해버릴려고 하니까 그게 보기가 그런 거죠.

면담자 가협도 그렇고 재단도 그렇고, 가족분들이 쭉 해가는 일이 있잖아요. 앞으로 어떤 식으로 해갔으면 좋겠다고 생각하세요?

준혁 엄마   글쎄요. 저는 그쪽 일을 전혀 몰라서 잘 모르는데 지금까지 해오기는 다 잘해오셨어요, 지금까지. 지금까지 해왔던 거만큼만 하시면 될 것도 같은데, 제가 좀 전에 얘기했던 거는 일부가 그렇다는 거지 다 그렇다는 거는 아니니까. 그냥 지금 해오신 만큼만 하셨으면 좋겠어요, 다들.

면담자   마지막 질문인데요. 4년 반, 5년 가까워지고 있는 지금 준혁이를 떠올리면 무슨 생각이 드세요?

준혁 엄마   글쎄요. 처음이나 지금이나 잘해준 거보다는 못 해준 게 더 많이 생각나고, 근데 '가면 갈수록 더 그리워진다' 그런 게 있는데, 그건 쪼끔 모순인 것 같아요. 초반에는 매일매일 생각나던 게, 시간이 지날수록 하루에 10번 생각나던 게 5번 이런 식으로 숫자가 자꾸 줄어드는 것 같아요. 그래서 굉장히 미안해요. 그 생각은 선생님이 저한테 질문하기 전부터 그런 생각은 제가 하고 있었거든요. '아, 내가 매일매일 [준혁이] 생각을 했[었]는데, 내가 준혁이를 언제 생각을 했지?' 이렇게 저한테 도리어 물어보는 날이 자꾸 생기는 거예요. 그래서 저는 '좀 더 초심으로 돌아가서 자주 기억하고 자주 생각하고 해야겠다' 그런 거(울음)(침묵).

면담자   그렇게 생각하는 게 또 마음이 아프시잖아요.

준혁 엄마   네, 그래도. 생각은 자주 해야 되겠죠. 매일매일 할려고 노력은 하는데, 근데 어제도 했나?(웃음).

면담자   '지금부터 생각해야지' 이렇게 생각하시는 게 아니라 그냥 순간순간 떠올리시는 거죠?

준혁 엄마   네, 그렇죠. 그[러]니까 초반에는 설거지하면서도 계속 울었어요. 설거지하면서도 울고(울음), 그리고 먹을 때, 애가 좋아했던 거 먹을 때 그래서 울고 그런 게 많았는데 시간이 지나니깐 몸이 좀 둔해졌다 그러나, 생각이 좀 둔해진 거죠. 그래서 자꾸 잊어버리게 되는 것 같아요. 저희 안방에 가면은 애 사진이 있는데, 그 사진도 이렇게 정면으로 쳐다본 기억이 그렇게 많지 않은 것 같아요. 그니까 자꾸 잊어버리는 것 같아요, 자꾸 갈수록….

저희 애 아빠 같은 경우는 자기만의 표현이에요. 애 생각날 때 애 사진 앞에다 향을 하나씩 피워줘요, 애 생각 날 때마다. 그래 가지고 저는 처음에 몰랐어요. 씻고 나오면은 향 피우는 냄새가 나요. 그래 가지고 "어, 향 피웠어?" 그러면은 준혁이 앞에 향을 하나 피워놨다는 거예요. 그래서 "아, 왜?" 그랬더니 "생각날 때마다 나는 하나씩 피울 거야" 그러더라구요. 그리고 나서는 향 피우는 냄새 나면은 "아, 생각이 나서 피웠구나" 이렇게 되는 거죠. 일단 그건 아빠만의 표현인 것 같아요.

면담자   준혁이가 지금 어머님께는 어떠한 의미로 느껴지세요?

준혁 엄마   어른들 얘기가 있죠, "아픈 손가락이 있다"고. 그 아픈 손가락. 제일 아픈 손가락, 그게 우리 아들이죠(침묵). 제일 아픈 손가락이에요(침묵).

면담자   질문은 다 마쳤어요. 혹시 준혁이에 대해 추가로 하시고 싶은 이야기가 있으세요?

준혁 엄마   글쎄요(침묵). 아니, 얘기 안 할래요. 요기까지만 할래요(웃음).

면담자   네. 어머니, 여러 차례에 걸쳐 쉽지 않은 이야기해 주셔서 정말 감사드립니다.

준혁 엄마   네, 저도 감사드려요.

면담자   감사합니다.

4·16구술증언록 단원고 2학년 4반 제18권

그날을 말하다 준혁 엄마 전미향

ⓒ 4·16기억저장소, 2019

기획 편집 4·16기억저장소 | **지원 협조** (사)4·16세월호참사가족협의회
펴낸이 김종수 | **펴낸곳** 한울엠플러스(주)
초판 1쇄 인쇄 2019년 4월 1일 | **초판 1쇄 발행** 2019년 4월 16일
주소 10881 경기도 파주시 광인사길 153 한울시소빌딩 3층
전화 031-955-0655 | **팩스** 031-955-0656 | **홈페이지** www.hanulmplus.kr
등록번호 제406-2015-000143호

Printed in Korea.
ISBN 978-89-460-6741-7 04300
        978-89-460-6700-4 (세트)
* 책값은 겉표지에 표시되어 있습니다.